成都武侯祠

Chengdu Wuhouci Museum

带你走进博物馆 SERIES

成都武侯祠博物馆　编著

罗开玉　主编

文物出版社

目 录 Contents

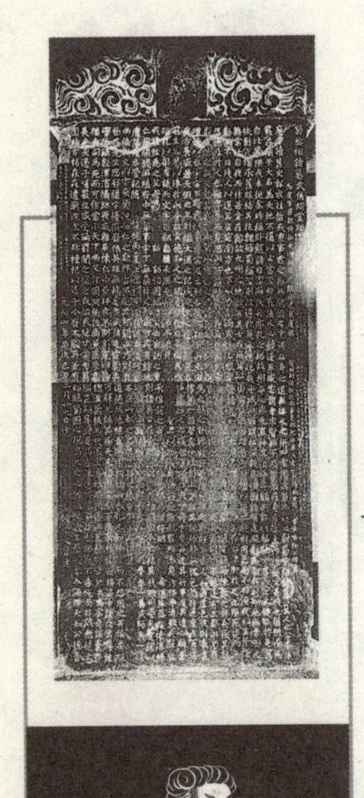

能攻心則反側自消從古知兵非好戰

不審勢即寬嚴皆誤後來治蜀要深思

赠　言

未成年人将要承担中华民族伟大复兴的重任。关心未成年人的健康成长，关心他们的思想道德的建设是我们每个人的责任，各类博物馆不仅是展示我国和世界优秀历史文化的场所，也是未成年人学习知识、培养情操的第二课堂。

让这套丛书带你走进博物馆，让博物馆伴随你成长。

国家文物局局长　單霁翔

2004年12月9日

三国文化与三国圣地

武侯祠赋

猇亭倾，永安泣，惠陵耸，祠庙立。蜀汉宫中，丞相洒泪监国；锦官城外，智星摇羽择地。标星座，植翠柏，葬先主，祔嫔妃。后主跪阶而拜，嚎声犹在；群臣叩首而祭，血斑依稀。

门额大书昭烈，官府申序；蜀人皆道武侯，民间重情。前帝后相，君臣合祀一庙；左文右武，英贤分塑两廊。碑碣列，载风云也；匾联悬，纪岁月也；斧戟架，说征伐也；鼎炉肃，明正统也。感楷模而三顾，杜叟泪襟；吟榜样而一挥，裴相濡毫。朱椿焚香，拜君臣而同庙；赵藩笔谏，嘱攻心而教徒。刘关张白赤黑三石粗雕桃园义，松竹梅黛绿翠万枝长妆武侯春。

展室熙熙，九州游客汇流；过厅攘攘，四海导游竞颂。两表石刻前，悟鞠躬易而尽瘁艰；三绝唐碑下，叹创业辛而做人难。求兵法于静远堂，品韬略于香叶轩。由六出磨坚毅，挫中求胜；于七擒励忍烦，得而敢失。子龙银眉以诫：平生或经长阪，笑迎明枪与暗箭齐袭；云长冠冕而嘱：征途难免麦城，警惕绊绳与陷阱并伏。品戏结义楼，啜茗碧草园。漫步红墙夹道，易醒哲智，可窥天人际；小坐金钟悬亭，能少奢欲，以揣古今变。

日出而龟晒，月升而蛙鸣，荷放而鱼藏，花绽而鸟啼。陈寿御龙前祝，贯中驾凤来贺。古来重情操，阿瞒煮梅，愧言同为英雄；世人美风范，公瑾呕血，羞道并生瑜亮。冬日凄风，若闻林中刘禅悔哭，魏延抗述；秋夜阴雨，隐见门外法正卧酒、谯周顿首。

唯逢非常之时，始出非常之人，乃建非常之功，遂留非常之迹。陵不高而丰千古仁君，庙非阔却光万世智星。陵寝并祠宇交融，古建与园林相辉。刀光剑影下见忠义仁孝，律令训诫中显慈惠宽严。寰宇邦国，人人叹诸葛谋；海外华裔，家家供关公像。儒家融兵家一体，古迹携产业双飞。高悬诸葛大旗，三国文化展示、收藏、研究中心；旁绕锦里古街，五洲游客游乐、购物、休闲天堂。铭曰：

大名垂宇宙，宏业绍高光。

三国遗圣地，九州演沧桑。

朝野共崇拜，中外同瞻仰。

千秋古柏翠，万世永流芳。

成都·罗开玉

二〇〇四年春

在我国历史文化中，好多帝王将相、文人墨客、富豪显贵，皆不为后人所知，但三国马夫周仓、丫环貂蝉却家喻户晓，妇孺皆知。这是为什么？

三国文化是中华文明在全世界宣传最持久、影响最深远、普及最广泛的一个分支文化。过去，它曾得到戏剧、曲艺、匾联、小说、电影、电视剧等传统文化形式及媒介的大力宣传。三国英雄早已成为中华民族凝聚力的重要象征之一，海内外华人普遍供奉关羽神像，公认诸葛亮为中华民族智慧的化身，便是典型例子。现在，三国题材的数字游戏多达上千种，是我国乃至世界各国的传统文化中被编为数字游戏种类最多的。这对宣传、普及三国文化起到了意想不到的作用：三国文化热、三国旅游热在全世界正悄然兴起。

大家何以对“三国文化”如此痴迷呢？它有以下两大显著特点。

三国文化的主题思想是儒家文化与兵家文化的高度结合，魏、蜀、吴及多个军事集团相争，其军事、经济、文化，惊险奇异，丰富多彩。将三国文化与我国古代的春秋战国、南北朝、五代十国这些分裂时期的文化相比，很容易看出其显著的时代特征。春秋战国，儒家尚处于起步阶段，地位与其他诸子百家相当；南北朝和五代时期，受到当时少数民族文化的严重影响，儒家文化在汉代达到第一个高峰后走下坡路，直到宋代才重新确立儒家文化的统治地位。三国文化则是在汉武帝“独尊儒术”，确立了儒家文化在政治、思想、文化领域的统治地位三百余年后才出现的。它既有我国古代传统文化，即儒家文化的精华，又具有战争风云的特质——外交、权谋以及兵家的生死竞争，其激烈性、残酷性、曲折性、刺激性，比春秋战国、南北朝、五代十国有过之而无不及。儒家文化讲求的是忠君报国的政治思想、上尊下卑的伦理道德；兵家文化讲求的是计谋诡诈、刀光剑影，在残酷的竞争中求生存、图发展。将二者结合，就社会来说是政治制度、社会风尚和价值取向即选用什么人、敬重什么人等的结合，就个人来说是政治思想、人品修养与专业技能的结合，即怎样做人和怎样竞争的结合。

三国文化的第二个特征是其已成为一种不断丰富和发展，包括政治学、经济学、外交学、军事学、历史学、经营学、人才学、管理学等多学科的综合性文化。历代对它的认识、研究，也包括以小说《三国演义》为代表的各类文学作品，以三国题材为背景的戏剧、影视以及现代电脑数字游戏等衍生作品所构成的各种亚文化现象。前者是内核，后者是发展。我们现在说的“三国文化”正是这二者的结合。

从儒家角度看，三国各统治集团及其主要代表人物有着明显的差异。曹操“挟天子以令诸侯”，有诸多威逼皇权至尊的大逆行为；曹丕篡汉，直接取代汉江山；司马氏又以阴谋篡夺曹氏政权。曹氏、司马氏被儒家视为“奸贼”。孙吴集团对汉室、汉制的态度模棱两可，在儒家看来也是不可取的。蜀汉集团始终以“兴复汉室”为己任，又全盘继承汉制，在儒家看来，根本点上站稳了

“三国圣地”石刻

脚跟；刘、关、张三结义，被视为“义”的楷模；诸葛亮忠于汉室，鞠躬尽瘁，是智慧的化身，贤相楷模。可以说，三国中，以刘、诸葛、关、张为代表的蜀汉英雄才是儒家文化与兵家文化结合得最好的典范，受后世好评。东晋习凿齿在《汉晋春秋》中，以蜀汉为三国正统，东晋王朝曾追封诸葛亮为武兴王，从唐代开始历代中央王朝皆视蜀汉为正统。蜀汉的都城在成都，成都武侯祠被视为三国圣地，也主要与这一历史背景有关。

成都武侯祠博物馆由惠陵、汉昭烈庙、武侯祠、三义庙、锦里等部分组成。占地139860平方米（约210亩）。惠陵、汉昭烈庙建成于蜀汉章武三年（223年），因而形成了武侯祠1780余年的历史。作为名胜古迹

和园林式、开放式的博物馆，武侯祠逐渐形成了自己的文化特色，集建筑、塑像、碑刻、匾联、园林五位于一体，并日异突显出自己的文物风貌，即蜀汉惠陵、唐代碑刻、明清匾联、清代建筑、古柏园林。武侯祠是全国唯一的君臣合祀祠庙，惠陵埋葬着刘备和他的两位夫人，为全国最早、影响最大的三国遗址遗迹博物馆；其众多文物是在开放过程中，由游客创造并逐渐积累的，如唐“三绝碑”、清“攻心联”等。1961年，国务院将其公布为全国第一批重点文物保护单位。

千百年来，武侯祠的建筑、塑像、碑刻、匾联、园林等，屡有变化。这些初看好像零零散散的变化，实际上都贯穿了一条主线，即儒家文化与兵家文化的结合：计谋诡诈

武侯祠外景图

中辨慈惠宽严，刀光剑影下见忠义仁孝。这里的许多内容被视为治国、治军、管理企业、为人处世、持家教子等方面的教材和典范。它吸引了一批又一批的瞻仰者、游客和研究者，武侯祠的文化内涵得到不断地丰富、发展和创新。

武侯祠的位置和建筑格局，历史上屡经变化。它原位于少城内，南北朝时迁到惠陵旁。良相伴明君，是儒家文化中君臣观念的强烈体现，也为本名胜景点注入了最强的活力。武侯祠、惠陵、汉昭烈庙三个景点共同构成了一个以三国文化为背景的景区。

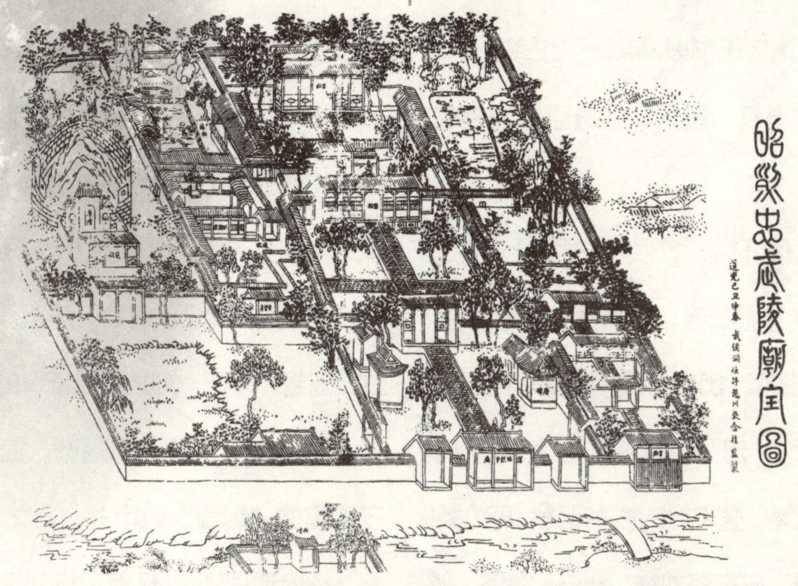

清道光九年武侯祠全景图

明洪武初，蜀献王见武侯祠的香火压过了惠陵和昭烈庙，以儒家“君臣宜一体”观念为由，将武侯祠与昭烈庙合为一殿。康熙十年（1671年）维修时，将明代的一殿分为前后两殿，形成昭烈庙（昭烈殿）在前，武侯祠（静远堂）在后，前高后低的格局；又置文臣、武将两廊于前殿两侧，“如朝廷礼”，进一步突出皇权，宣扬了君尊臣卑的儒家文化主题。

约从唐代开始，武侯祠内祭祀者从过去的神位改为泥塑像，此传统一直被保留至今。入选塑像，历史上屡有变化，它反映了不同时代对“忠”的不同认识。北宋初年，祠庙中的塑像，据宋代的古书记载，昭烈祠中除刘备外，左右有刘禅、刘谌、关羽、张飞、诸葛亮、诸葛瞻等。当时有个叫蒋堂的人在成都做官，他认为刘禅不能保有土宇，下令把他的塑像撤了。明洪武二十三年（1390年），蜀献王朱椿到成都后，将武侯祠的碑碣、诸葛亮像迁入昭烈庙中。当时大殿上“帝（刘备）位中，而侯（诸葛亮）与关、张祔左右”，仅四尊塑像。弘治年间（1488～1505年），庙内又增塑了刘谌、诸葛瞻、诸葛尚和傅佥之像。清代重制塑像时，入选对象无论职务高低、贡献大小，只有一个条件，那就是“忠”。刘禅、法正、彭羕、廖立、刘封、李严、刘琰、魏延、杨仪、谯周等一大批蜀汉重要人物落选，盖因其过不了儒家的“纯臣”政审关。

祠内现有塑像47尊，均为清代塑制。

陵寝载千秋——成都武侯祠之始

223年4月，刘备殂于永安宫；5月，梓宫自永安还成都；8月，葬惠陵。依秦汉旧制，皇帝即位次年开始预做寿陵。梓宫5月回成都后，虽已是夏天，却未及时入葬，当与惠陵尚未完工有关。陵寝建筑由照壁、山门、神道、寝殿、陵墓等组成。惠陵封土高约12米，周长180米。墓冢四周，围墙环绕，现存砖墙为道光五年（1825年）所修，砖上印章铭文有“复盛号”、“永号”、“义兴号”等，似为当时砖坊捐建。陵侧红墙夹道。史称为“昭烈陵”、“先主陵”、“刘备墓”等。

惠陵山门

西汉、东汉帝陵均在都城附近。刘备葬于成都附近，是其继承汉制的必然结果。依汉制，须由丞相亲自挂帅营建帝陵。惠陵的具体位置、规划布局等大原则，皆由诸葛亮总司其职，亲选风水宝地、亲自督建。施工过程中，他多次身临现场，带头植柏。唐《成都古今记》说："先主庙西院即武侯庙，庙前双大柏，古峭可爱，人云诸葛手植。"

与刘备同时入葬的还有甘皇后。据史籍记载，甘皇后（刘禅之母）先死，葬于南郡，追谥皇思夫人，刘备称帝后，下诏将其迁葬于蜀。在迁葬的中途，刘备病殂。诸葛

惠陵神道

亮为此奏请刘禅，认为应将甘夫人与刘备合葬惠陵，刘禅准奏。22年后，穆皇后逝世，也合葬惠陵。这说明惠陵是可以开启墓门的砖石墓。

司马氏灭蜀（263年）后，为消除其在蜀中的政治影响，将刘氏后裔尽迁北方，拆除了汉昭烈庙和刘氏宗庙。但从史籍和当时习俗看，晋政府只拆除了其地面以上建筑，惠陵及陵园中的一些地面标志被保留下来。

惠陵祠坊及墓冢

庙堂见朝仪——汉昭烈庙

今武侯祠博物馆正门上，一匾高悬，大书“汉昭烈庙”四字，明明叫武侯祠，为何悬挂“汉昭烈庙”门匾呢？

依汉制，因陵设庙，建陵同时在陵旁建庙，此庙始建于223年。刘禅在位40年（223～263年），按当时礼制，他每年都要率领大臣到惠陵、昭烈庙祭陵拜庙。

悠悠岁月，历经变迁。今日的昭烈庙，北面为昭烈殿，南面为二门，东西两廊为文臣武将廊，形成一个四合院，院中古木参天，浓具庙堂森严肃穆的氛围。

昭烈殿居中，位于高台上，高大宏敞，殿前设廊，与左右廊房相通，下设青石踏道，踏道正中为云龙纹石刻御路。该殿为单

昭烈殿外景

20世纪40年代昭烈殿外景

檐歇山九脊顶，青灰色筒瓦屋面，殿阔7间，宽36米，进深4架，深15米，总面积650平方米。各间面阔明间最大，依次递减，以满足祭祀之需。全殿前宽后窄，呈“品”字形，乃清初由5开间改7开间所致。全殿石柱32根，天官罩下，前檐柱上撑弓，均有高浮雕蝙蝠及“四灵”等，彩绘敷金，制作精巧，体现皇权至尊。

先主以仁为本

刘备（？～223年），字玄德，身经百战，合祖孙父子兄弟君臣，历齐、楚、幽、燕、越、吴、秦、蜀，最后建立了蜀汉政权。刘备是我国历代君王中儒家、兵家文化相融合“仁惠”的典范。当年曹操南下攻荆州，刘备撤离襄阳时，当地吏卒、百姓纷纷随行，行军速度极慢，有人提醒他：抛下难民才有生机。刘备却认为成大事须以人为

刘备像

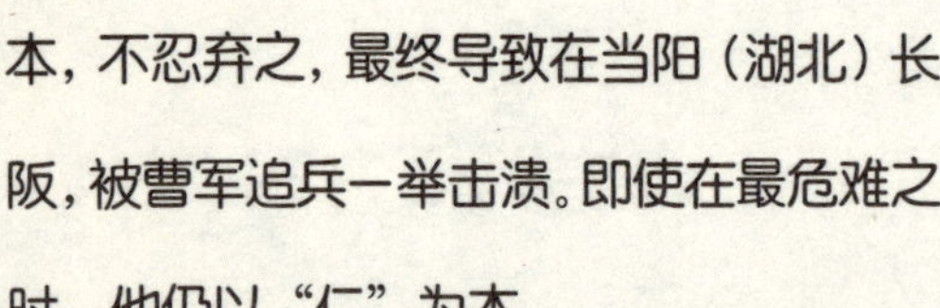

本，不忍弃之，最终导致在当阳（湖北）长阪，被曹军追兵一举击溃。即使在最危难之时，他仍以“仁”为本。

刘备坐像，位于昭烈殿正中，高3米，冠冕九旒，双手执圭，慈祥传神。塑像制于康熙十一年（1672年）。

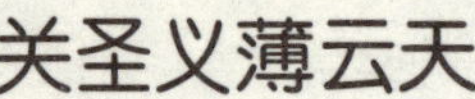

关圣义薄云天

关羽（?～219年），字云长，他的斩颜良、刮骨疗毒、过五关斩六将、单刀会、攻樊城、水淹七军等故事，脍炙人口。关羽是三国英雄中儒家、兵家文化相融合的楷模，是我国古代“义”的最高典范。死后谥为壮缪侯，历代王朝不断加封，清代被崇为“武圣”，全国各地遍建关帝庙。

关羽像

该像制于乾隆五十三年（1788年）前。像红脸，冕旒，全身贴金。殿中还塑有其子关平、孙关兴以及周仓、赵累的塑像（周仓，史籍中并无其人，仅见于《三国演义》；赵累（? ～219年），为关羽部将，任都督，与关羽同役战死）。

张飞诚贯金石

张飞（? ～221年），字翼德，涿郡（河北涿州）人，与刘备同乡，勇猛、忠诚，为

张飞像

人莽撞。当时人便认为“关羽、张飞皆万人敌”，“关羽、张飞勇冠三军”。张飞是三国英雄中儒家、兵家文化相结合，“诚”的最高典范。

塑像制于乾隆五十三年（1788年）前，面黑，豹眼。殿内还有其子张苞、孙张遵的塑像。

“四灵”护大殿

祠内昭烈殿前东、西两檐柱撑弓上，刻有龙、凤、狮、麟鎏金“四灵”。四灵，又称“四象”、“四神”。《礼记·礼运》云：“麟、凤、龟、龙，谓之四灵。”是我国古代动物崇拜的主要对象之一。但昭烈殿前的“四灵”与古代其他地区广泛流行的“四灵”有所不同，主要区别是以狮替龟。

“龙、凤、狮、麟”四灵

这与古代蜀王鳖灵的传说有关。相传鳖灵曾是蜀王杜宇之相，他率蜀民到前线治水时，杜宇却与其老婆私通。鳖灵治水获胜而归，杜宇自感惭愧，将王位“禅让”给鳖灵。鳖，即龟。刘备入蜀，取代刘璋，“禅让”故事类似鳖灵取代杜宇。唐李商隐在《井络》诗中说：

井络天彭一掌中，谩夸天险剑为峰。
阵图东聚夔江石，边柝西悬雪岭松。
堪叹故君成杜宇，可能先主是真龙。
竭来为报奸雄辈，莫向金牛访旧踪。

可见古人早已将刘璋比杜宇、刘备比鳖灵了。让龟出现在昭烈殿上，川人认为有不恭之嫌。清代重修昭烈殿时，“四灵”中以狮替龟，便可理解了。

武将廊

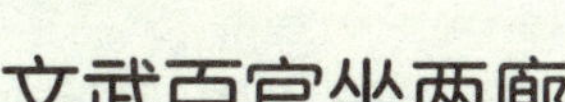

文武百官坐两廊

昭烈殿前西、东两廊塑有28尊塑像，分别塑有蜀汉时期的文臣、武将，称文臣廊、武将廊。下面择代表性人物略作介绍。

庞统（179～214年），字士元，襄阳（湖北）人，足智多谋，人称“凤雏”。刘备在荆州时，司马徽向他荐举诸葛亮和庞统，说得一人可安天下。庞统初属刘备时，任耒阳（湖南耒阳）县令，执事不勤，被免。诸葛亮、鲁肃都认为他有治国之才。刘备亲自召见了他，与其纵论天下，重任他为治中从事等。建安十九年（214年），刘备率军入蜀，庞统以谋臣身份随行，献取益州之策。刘备一路夺关斩将，夺得涪县（四川绵阳）。攻雒城时，庞统中流矢而逝。谥靖侯。今德阳市罗江县白马关有庞靖侯祠墓。塑像塑于道光廿九年（1849年）。

庞统像

蒋琬（?～246年），字公琰，零陵湘乡（湖南湘乡）人。以荆州书佐随刘备入蜀。曾任广都（四川双流）县长，因不理政事而激怒刘备。诸葛亮认为蒋琬有治国之才，对其非常器重，先后任他为相府东曹掾、参军、长史等职，在北伐期间他保证了兵粮的供给。诸葛亮荐他为接班人。诸葛亮逝世后，蒋琬执政，承诸葛亮之风，保持了社会稳定、生产发展。塑像塑于清康熙十一年（1672年）。

费祎（?～253年），字文伟，江夏鄳(河南罗山)人。早年为太子舍人、中庶子等，品优才卓。诸葛亮南征归来，让费祎与自己同乘。其多次出使东吴，孙权夸他今后必担蜀汉重担。多年间，他一直成功调停魏延、杨仪间的矛盾。蒋琬执政后，费祎为其主要助手。蒋琬死后，费祎执政，保持了蜀汉稳定。费祎不主张大规模对外出击。姜维多次北伐，费祎每次给其兵马不逾万人。他生活俭朴，不重排场，身为执政大臣，家无余财。儿子布衣蔬食，从不坐公车。253年新年宴会上，被魏国诈降刺客刺杀。谥敬侯。塑像塑于清康熙十一年（1672年）。

费祎像

赵云（? ～229年），字子龙，常山真定（今河北正定）人，身高八尺（约今186厘米）。归属刘备麾下后，屡建奇功。当阳长阪勇救刘禅，定益州时平定沿途郡县。取成都后，刘备本欲把城中房屋、田产分给众将，赵云却主张还给原主，被视为德政。刘

赵云像

备伐吴前，赵云力谏，认为曹魏才是敌人。打汉中时，协助诸葛亮以“空城计”智败曹魏大军。刘备赞“子龙一身都是胆”。在三国群英中，赵云是儒家、兵家文化相融合的典范之一，兼具忠、勇、仁、智、义等，形象完美，民间称其为刘备四弟。229年，赵云逝世，谥顺平侯。塑像塑于清道光廿九年（1849年）。

马超（176～222年），字孟起，扶风茂陵（陕西兴平县）人。父亲马腾，灵帝时在西州率军起事，拥重兵。211年，马超、韩遂起兵反曹，于潼关狙击曹军。趁曹军前部渡渭时，马超突袭，大败曹军。许褚等护曹操上船逃命。马超领骑兵沿岸猛追。曹操甚惧，说：“马儿不死，吾无葬地也。”曹操后来用计离间了马、韩，分而败之，杀其全家200余口。马超先投汉中张鲁，因其部属加害，改投刘备。马

马超像

超进军至成都，城中震怖，刘璋稽首而降。刘备任马超为平西将军。222年，马超病逝，谥威侯。塑像塑于清康熙十一年（1672年）。

黄忠（?~220年），字汉升，南阳人。原为刘表麾下，赤壁战后，刘备取长沙四郡时，归属刘备。刘备攻汉中时，黄忠斩杀曹军主将夏侯渊，为夺取汉中立了大功。次年卒，谥刚侯。成都西郊化成桥附近，清代曾发现黄忠墓碑，时人即在该地复建了黄忠墓、祠。黄忠塑像塑于清道光九年（1829年）前。

黄忠像

姜维（201~264年），字伯约，天水冀（甘肃甘谷）人。曾任曹魏天水郡上计掾、凉州从事等。227年，诸葛亮攻祁山，姜维降蜀。诸葛亮十分器重姜维，破格重用。蒋琬、费祎执政时，姜维多次出兵攻魏不果。263年魏军攻蜀，姜维退

姜维像

守剑门关。邓艾率部偷度阴平，进逼成都，刘禅投降。姜维奉命降魏后，策动魏将钟会叛魏，企图乘乱恢复蜀汉，事败，被杀。姜维塑像塑于清康熙十一年（1672年）。

王平（?～248年），字子均，原名何平，巴西宕渠（四川渠县）人。蜀汉后期的重要将领。年轻时，在洛阳投靠曹操，随曹军到汉中与刘备交战时，归降刘备。227年，诸葛亮首出祁山，先锋马谡失街亭后，王平率麾下占据有利地形，列阵擂鼓，从容撤退。蜀汉后期，王平长期镇守汉中，独当一面，屡建战功。王平塑像塑于清道光廿九年（1849年）。

王平像

丞相祠堂耸云霄

门额大书昭烈庙，世人都道武侯祠。

由来名位输勋业，丞相功高百代思。

民国时邹鲁的这首诗，表明如此庞大的一个昭烈庙，在世人心目中，影响力却不及它后面的、规模小得多、地基低得多的武侯祠，这又是为什么？

武侯祠由静远堂、过厅、东西厢房组成，四合院形制，位于昭烈庙之后，规模小且地基低于昭烈庙，意在体现“君尊臣卑”。院内翠柏森森，东西外侧各有钟楼、鼓楼、荷池等呼应。如果说昭烈庙浓具庙堂之气的话，武侯祠的建筑风格则近于清代西蜀民居院落，加上祠内塑像仅限于诸葛氏一家三代，可以说该祠带有明显的“家庙”特征。

刘锡绘武侯祠

成都武侯祠始建于成汉李雄称王时期(304～334年)，初在成都少城内。347年，桓温率军平蜀，战况空前惨烈，少城内仅武侯祠得以幸存。它是什么时候迁至现址的？准确年代已难以考证。杜甫访祠时，祠内已古柏森森，由此上推其始迁入年代约在南北朝时期。

上元元年(760年)，诗人杜甫刚到成都定居，即到南郊，踏访武侯祠。杜甫对诸葛亮十分景仰，仅流传下来吟咏诸葛亮的诗就近20首。这与他浓厚的儒家文化、忠君爱国的思想、“致君尧舜上”的理想抱负都

静远堂

有关。他怀才不遇，历经坎坷，无“三顾”好运。当他站在诸葛亮塑像前，不免自伤，两眼含泪，挥笔创作了著名诗篇《蜀相》：

丞相祠堂何处寻，锦官城外柏森森。
映阶碧草自春色，隔叶黄鹂空好音。
三顾频烦天下计，两朝开济老臣心。
出师未捷身先死，长使英雄泪满襟。

淡泊风采静远堂

静远堂即武侯祠主殿，单檐歇山式顶，面阔5间，进深2架，平面呈长方形，梁架式木结构，面积仅为昭烈殿的一半。该殿历代匾额、楹联、碑刻甚多。堂内“品”字形供奉着诸葛亮和儿孙的贴金泥塑像。堂内采用彻上明造手法，不用天花、藻井，不施彩绘装饰，梁架裸露，无特别修饰，自然采光，简朴明亮，中脊横梁大书“淡泊明志，宁静致远”八字，系诸葛亮诫子铭，也画龙点睛地表明了该堂的建筑特征。

智慧之星超然脱俗

诸葛亮像目光炯炯，纶巾羽扇，超然脱俗，令人油然起敬。两侧陪祀子诸葛瞻、孙诸葛尚像。

诸葛亮（181～234年），字孔明，琅玡阳都（山东沂南）人。身高八尺（186厘米），体形甚伟。207年，刘备三顾草庐时，在“隆中对”中提出鼎足三分的战略构想，一鸣惊天下。初出草庐，便屡建奇功：联合东吴，大胜赤壁；助刘备巧取荆、益二州；任蜀相后，发展经济，与民休息，亲抓井盐、蜀锦、都江堰水利等重大项目；他亲率大军五月渡泸，安抚南中；六出祁山，北伐曹魏。他政治清明，严法治蜀，无恶不惩，无善不显，吏不容奸，人怀自厉，道不拾遗，强不侵弱，风化肃然。诸葛亮本人则为官廉洁，生活俭朴。一生长于巧思，工械技巧，物究其极，有木牛、流马、诸葛连弩、八阵图等重大发明，被后人尊为民族智慧的化身。

范曾画诸葛亮像

诸葛亮之子诸葛瞻，字思远，生于227年，从小聪慧伶俐。诸葛亮中年得子，对他寄予厚望，234年出师前，写下著名的《诫子书》，勉励儿子“非淡泊无以明志，非宁静无以致远”，又说：“夫学须静也，才须学也，非学无以广才，非志无以成学”。263年，魏军攻蜀，诸葛瞻率军迎战阵亡，时年37岁。诸葛亮之孙诸葛尚，同时捐躯，时年不足20岁。今绵竹县城，有诸葛瞻父子衣冠墓，称“双忠祠”。

诸葛亮像碑拓

静远堂屋顶雕塑

武侯祠古建屋顶建筑符号甚多，以静远堂最具代表性。静远堂屋顶雕塑，初塑于清道光年间，重塑于民国早期，儒、释、道三家融会合一。

我国古代大型建筑的各条垂脊前端，往往有一排形态各异、栩栩如生的造型动物。它们被称为脊檐小兽，或蹲兽。被认为是消灾灭祸、剪除邪恶的吉祥动物。静远堂屋顶前后四条垂脊前端各有狮子、天马、海马、獬豸、斗牛五个脊檐小兽。这里的狮子特大，因大狮、小狮谐音太师、少师，与诸葛亮祖孙三代的身份相适。

静远堂脊檐小景

静远堂屋顶弥勒等一组雕塑，中坐者为笑口弥勒，以为人预测吉凶非常灵验、预知晴雨而闻名。弥勒的东边为道教人物赤松子。他全身穿红色衣、裤，上衣的红色现已有一些褪色，但裤子上的红色仍完好。赤松子是道教中的雨神，能化为一条赤龙，故

静远堂屋顶雕塑

造像头上仍有两角；他左手执盂，内盛一龙，右手执瓶若洒水状。弥勒的西边为陈天君的造型。陈天君也是雨神，与雷公江天君、电母秀天君、风伯方天君一样，是明清时期流传很广、影响很大的“天君”。陈天君穿红色衣裤，左手执瓶，右手执圆形闪电盘。弥勒佛的左手边还有一小桥，从其造型看，可能是传说中的“奈何桥”。这一组塑像的主要功能是防火避邪。在静远堂屋顶南脊两边，还分别有铁拐李和汉钟离的造型。

三义庙及游喜神方

三义庙

原位于成都提督街，康熙初年建，1997年，因城建需要，整体迁建于武侯祠内，建筑构件、匾联等均采用原物。

现三义庙由拜殿、大殿和两廊组成。大殿内塑有刘、关、张的泥塑像。如果说武侯祠原塑像造型更多参考历史的话，三义庙塑像造型则主要取材于文学与民俗。

大殿正中、刘备塑像前，悬挂着一方"神圣同臻"大匾，上款为"道光乙巳年艾月吉旦"，下款为"靴鞋行众姓弟子立"。《三

三义庙全景

“神圣同臻”匾

国志·先主传》说：先主少孤，与母贩履织席为业。我国古籍中有关“贩履”之人有名有姓的，就数刘备最早而又富有影响力了。明清时期，民间行会兴起，如木工尊鲁班为祖师爷一样，制鞋、修鞋、贩鞋等一切与鞋有关的行业，都尊刘备为祖师爷。清代成都靴鞋业行会每年到武侯祠或三义庙开会，拜祭刘备，彼此协调关系、制订条款、洽谈生意等。据有关资料，当时成都靴鞋业行会的主要据点在成都南门一带。时至今日，成都武侯区制鞋业发达，“西部鞋都”崛起，与此传统不无影响。

关羽是我国古代忠义的最高典范，元明时期被海内外炎黄子孙共尊为财神。海外华人神龛上，几乎都供奉了关羽神像；关帝庙则遍布世界各地的华人聚居地。

张飞明清时期被屠宰行业尊为祖师爷。

拜殿内东西两侧各有一大四小五通石刻画像，据明崇祯本《三国水浒全传》插图刻成。

喜神方石刻

"喜神方"石刻

游喜神方是我国古老的民俗，可以追溯到宋代。宋明时期，成都的某些道教宫观中已流行喜神、喜神方的观念，常举行"接喜神"等活动。清代道士主持武侯祠期间，逐渐形成了在每年春节期间，到武侯祠游喜神方的民俗活动。

所谓喜神，即能给人们带来吉利、欢喜，增添智慧、财运、官运之神，助学童金榜题名、助新婚夫妇吉祥如意之神。喜神方，即喜神所在方向的地方。

成都流行于春节期间出南门，到武侯祠"游喜神方"，又称"出行"、"出天方"。初九、十五再游武侯祠。早在远古蜀王开明氏时期，蜀人便有了以南方为尊、为吉利的观念。武侯祠位于成都南郊，具备了这一条件。武侯祠内供奉的刘备、诸葛亮等50尊

“游喜神方”民间庙会

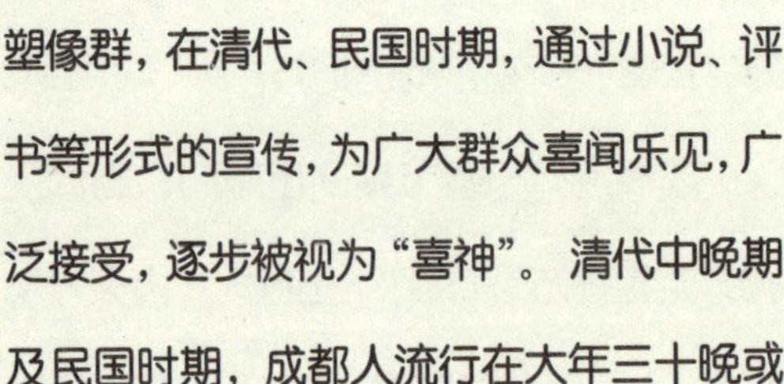

塑像群，在清代、民国时期，通过小说、评书等形式的宣传，为广大群众喜闻乐见，广泛接受，逐步被视为“喜神”。清代中晚期及民国时期，成都人流行在大年三十晚或正月初一一早就到武侯祠烧香拜神、吃茶会友。以能争烧到第一灶香、能喝到武侯祠的早茶为最吉。1998年，武侯祠恢复了这一传统庙会活动。

绿叶扶红花——其他重要景点

听鹂馆 听鹂苑

从杜甫《蜀相》"隔叶黄鹂空好音"诗句化名，目前是展示《三国演义》瓷版画和奇石、盆景的场所。游廊壁上，展出的一组大型《三国演义》瓷版画，共282个三国故事，如同连环画一般。它由山东淄博艺人王世海先生创作，2000年捐赠给武侯祠。瓷版刻画总长183米，由286块瓷版组成。本瓷版刻画经上海大世界吉尼斯总部审批为吉尼斯之最——最长的瓷版画。

听鹂苑是一处盆景园，在听鹂馆南侧，

《三国演义》瓷版画

“桃园结义”雕塑

利用惠陵围墙外环绕一周，汇集了全国各地各派的盆景佳作。

桃园与“桃园结义”

刘关张白赤黑三石粗雕桃园义，松竹梅黛绿翠万枝长妆武侯春。三义庙之西，绿丛中立一怪石，上刻“桃园”二字。其后斜坡上，一片桃林，三尊巨石，似石似人，介于两可。稍作雕琢而惟肖，略加修饰却传神。白石或近刘备，端坐于中，神色庄重；红石似乎关羽，手捋长髯，身形微侧；黑石隐约张飞，双手抱拳，拱手倾身。本组石雕，为当代雕塑大师叶毓山先生的作品。

荷池　桂荷楼

诸葛殿西侧，一片水域，便是荷池。夏秋之际，满池莲叶、亭亭荷花、清香四溢。这一池碧水，穿小桥，束溪流，漫绕至诸葛殿之东，又成另一水池。一东一西两荷池，为庙堂向园林过渡做了很好的铺垫。

桂荷楼位于荷池北岸，旁边多植桂树，因而得名。这里是从祠庙到刘备陵园的必经之地，也是三国文化旅游纪念品的一个销售点。游人经此，可在桂荷楼下那长长的美人靠上略做休憩，观赏“日出而龟晒，月升而蛙鸣，荷放而鱼藏，花绽而鸟啼”之美景。

荷池之西是船舫，游人入内，可倚靠赏荷。

桂荷楼及荷池

园林区

2003年底，成都武侯祠与南郊公园合并。南郊公园原是民国时四川省主席、抗战时期第七战区司令长官刘湘墓园。始建于1938～1942年，400米的中轴线纵贯南北，石牌坊大门、三洞门、四方亭、荐馨堂、墓室等，雄浑庄重、布局严谨。中轴线外，青翠鸟啼，腊梅芬芳，碧波荡漾，轻舟飘摇，为市民休闲的好去处。

园林景区

三国英雄遗瑰宝

三国文化陈列室外景

除古建、碑刻、匾联外，武侯祠现有可移动的文物和重要资料数千件，它们从不同角度再现、见证了三国风云、三国英雄。“三国文化陈列”是武侯祠博物馆20世纪90年代中期设置的长期陈列。采用实物、半景模型、灯光特殊处理等艺术形式，力图形象地再现三国时期政治、经济、军事、生活等方面的情景。

兵争社稷

社稷坛上陈列了《三国演义》中大家最熟悉的三种兵器：刀、戟、钺。社稷坛是古代帝王敬土神、谷神之祭坛，也称五色土。青红黑白代表四方，中间黄色象征皇权。它

三国文化陈列室内景

是陈列室的主要外景。

蜀汉铭文铜弩机

蜀汉铭文铜弩机

三国文化以兵家文化最引人注目。近年，武侯祠博物馆很注意三国兵器的征集。已征集到十余件汉末三国弩机，以蜀汉"延熙十六年"铭文弩机最有代表性。该弩机，最大直径15厘米。铭文：

"延熙十六年四月廿日，中作部典、□□遂、绪吏李飞、□像、杨汉□、工杨茗作立坂，重二斤五两。"

它记载了生产此弩的作坊官吏、上面相关管理人员、具体制作工匠、检验人员等。如本兵器出了质量问题，便可按铭文追究有关人员的责任。由此可以看出蜀汉政府对兵器生产的重视程度。同时它也是研究当时职官制度、经济制度、作坊生产等方面极宝贵的第一手资料。

三国铜箭镞

馆藏三国箭镞数十枚，可明显分大而宽、小而窄两类，小的重量仅4.5克，翼宽

窄翼铜箭镞

宽翼铜箭镞

0.59厘米，大的重11.1克，翼宽1.05厘米，差别很大。有人认为：小而窄箭镞是“诸葛连弩”专用箭镞，大而宽箭镞则为一般弓箭和连弩所用。

三国扎马钉

把它大量的放在道路上，可扎伤敌方马蹄。三国时期甚为流行。

扎马钉

三国铜书刀

书刀，在使用竹简、木牍的时代，读书人大多随身带着它，用它修改简牍，字写错了，用它刮去再重写。两汉三国时期，蜀郡

铜书刀

工官生产的“金马书刀”，错金镂银，进贡皇室，行销全国。文翁送蜀郡青年到京师求学时，曾以书刀为礼品送给博士老师们。东汉中期，发明了造纸术，书刀一度减少。三国战乱，竹简代纸，书刀又成为重要工具。

直百五铢

武侯祠收藏蜀汉直百五铢等二百多枚，基本包含了蜀汉不同时期的各种钱币。其中正面篆书“直百五铢”，背面篆书“为”字，

“直百五铢”、“太平百金”

为蜀汉犍为郡所铸，是中国圆形方孔钱中最早铸地名的钱币。214年，刘备定益州，经费困乏，接受刘巴建议，铸造新币“直百五铢”，数月后，府库充实。后来蜀汉还铸了“太平百金”、“直百”、“定平一百”等大面额钱。与此同时，当地豪族大量储存的“五铢钱”，则贬值百倍。官府“府库充实”，实质上都是从豪族那里巧取而来。蜀汉政府与当地豪族关系一直很僵，在三国中最先灭亡，这是重要原因之一。

摇钱树

铜摇钱树，流行于东汉晚期至蜀汉时期，流行区域大体与蜀汉统治区域重合，与早期五斗米道的流行时间和分布区域大体一致，当是受其影响的产物。摇钱树由青铜

诸葛鼓

铸造，纹饰精美、图像丰富，树枝上挂满方孔圆钱，树座有陶制、石制不同类型。死者灵魂在需要用钱时，可直接从树上摇钱，反映了时人对金钱的崇拜。

诸葛鼓

诸葛鼓即铜鼓，可一物二用，既作军鼓，又能作锅。“南中”（今四川南部、云南、贵州）民族多称铜鼓为诸葛鼓。相传诸葛亮南征时军中多用此，故名。《明史·刘显列传》说：“（缴）得诸葛铜鼓九十三”，又说：“相传诸葛亮以鼓镇蛮。鼓失，则蛮运终矣。”铜鼓上饰有青蛙，古西南民族认为青蛙是雷公的使者，青蛙叫，雨水到，表明当地人渴望风调雨顺。

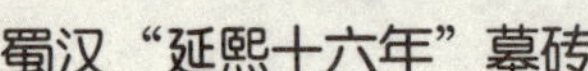

蜀汉“延熙十六年”墓砖

云南保山出土。该砖为典型的汉制砖，反映出诸葛亮“南征”后，内地官员、军队等确曾留在那里，记录了汉文化在那里的传播历程。

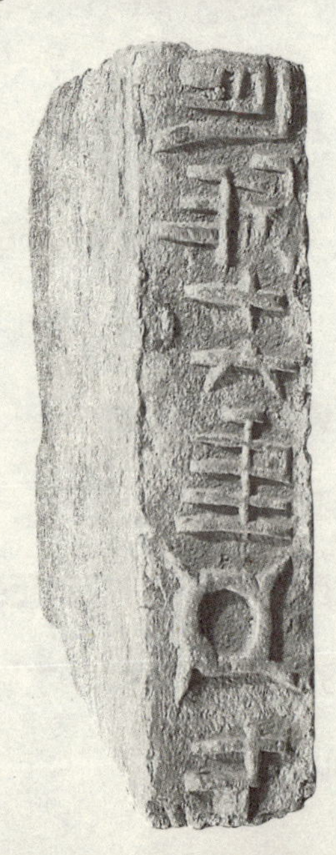

“延熙十六年”墓砖

日神画像砖

日神、月神画像砖

画像砖为四川汉末三国墓葬中常见的一种装饰品，有方形、长方形、条形等。一般嵌在墓室壁上，常见浅浮雕和线刻两类，多再现当时人们头脑中的“阴间”、“天国”的生活情景，也间接地反映了现实。此二画像砖为成都彭县出土，表现了时人对太阳、月亮的崇拜。

月神画像砖

陶说唱俑

四川各地出土汉末三国说唱俑甚多，形态不完全一致，皆做滑稽说唱态。可见当时西蜀民间，甚流行这类单独一人的说唱表演，一边击小鼓，一边演唱。

说唱俑

陶楼

馆藏陶楼近十余，从不同侧面反映了东汉后期至三国巴蜀的建筑特征。当时，巴蜀豪族很多，村寨中三五层楼房较为普遍。楼上多有戏台、观戏台、仓库等。村寨周围出现了用于防范的深沟、高墙、碉楼等。

陶楼

陶马

近年巴蜀各地汉墓、三国墓中出有大量陶马、铜马，画像砖、石刻中，也常见马。三国征战，马为“兵甲之本，国之大用”。当时关中、中原战乱乏马。川西高原牧区的“笮马”，通过各种途径，交换至关中。笮马个小、耐力好，善行山路和驮运。巴蜀内地豪族、富商，视马为身份等级的重要标志，都将马装饰得富贵华丽。现代川马的品类，与当时马关系密切，分布地域相近。

陶猪

三国蜀汉，小农经济发达，俗以户养两头母猪、五只鸡为小康条件之一。巴蜀养猪大体限于盆地，高原上基本不养猪。这一时期的考古资料——陶猪、猪骨，仅见于盆地内。出土陶猪，多属肥型，腰粗、嘴短、脚壮，具有早熟、易肥、肉质好等特点。值得

陶猪

一提的是，现代川猪的几个品种，当时已基本成型，如黑猪、成华猪、内江猪、荣昌猪、凉山黑猪等，皆不难在当地汉墓、三国墓出土陶猪中，看到其祖先的形象。

黑陶双耳罐

这类双耳罐，陶质精美，在川西高原流行时间很长。姜维西征时，当地民族仍在普遍使用。耳大，为悬吊烧水、煮食物所需；口小，高原寒冷，可延缓散热。

黑陶双耳罐

诸葛碗

诸葛碗

诸葛碗，俗称孔明碗。敛口，底与碗心双层夹空（碗腹中空），足底面有一圆孔与空腹相通。诸葛亮六出祁山，司马懿困守不出。诸葛亮赠妇女衣羞辱之，司马懿阅信受礼后，询问丞相寝食等，叹道："食少事烦，其能久乎？"诸葛亮为迷惑外人，用双层碗进餐，以表饭量尚好，实际上仅上层有饭。后世遂称此为诸葛碗。此类瓷碗始见于北宋龙泉窑刻花器，明清景德镇也有生产。

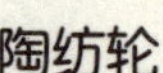

陶纺轮

这类纺轮，新石器时代已出现，迄三国蜀汉，各民族地区仍广泛使用。在它的圆孔上插一根小木（竹）枝，可将羊毛、牦牛毛等纺织成粗糙的毛线。

陶纺轮

陶井圈

诸葛井

近二三十年，在成都当年的“锦官城”内出土了大量汉代至三国时期的陶井圈。

诸葛锦

蜀汉时期，随着对云南、贵州等南中地区的开发，蜀汉政府还组织力量到兄弟民族地区传播织锦技术。相传诸葛亮曾派人教贵州苗民、侗民织锦，贵州苗民世称自己织的锦为“武侯锦”，而侗族则称之“诸葛锦”。

木牛流马

木牛流马是诸葛亮的一大发明，惜早已失传。近年来，武侯祠通过各种渠道，向海内外征集此类作品，已初见成效。

徐明德制“木牛”

箱式　可在轮式车辆难以行驶的崎岖、泥泞、松软、陡坡和有台阶的道路条件下靠

徐明德制“流马”

人力前进，符合诸葛亮北伐曹魏时，汉中陇右道的实况；此木牛据历史文献《诸葛亮集》中的《作木牛流马法》所提供的结构、使用线索来制作。该木牛模型可载重量300余斤，接近文献上记载的“载一岁之粮，而人不大劳”。成都电子科技大学教授向国富先生于2000年创意设计制作。

牛、马形式　该模型据小说《三国演义》中的描述，参考了《作木牛流马法》所提供的结构和有关线索制作，运用复合杠杆和平面连杆机构原理，通过上下摇动其头颈，能负重300余斤跨步行走，转动其口内舌头，能制动。模型外观生动形象，观赏性强。上阶梯的能力有待提高。模型由陕西西乡县徐明德于2003年研制。

独轮式　独轮车，川人又称“鸡公车”。在巴蜀，它一直广泛使用至今，有人认为它便是由诸葛亮的木牛流马演变而来。

诸葛连弩

我国早在春秋战国时期，便发明了连弩弓，秦始皇曾用连弩弓去射海边的大鱼。《三国志》等典籍记载，诸葛亮又新发明了一种连弩弓，能连发十箭，箭长八寸，威力无比，可惜不久便失传了。

汉末三国石棺

1990年出土于成都中和场石油局医院工地，整石雕凿，棺盖外侧面和棺身分刻有单鱼和双朱雀。古书记载，东汉晚期至三国时期，巴蜀中产阶层以上人士喜用陶棺、石棺。

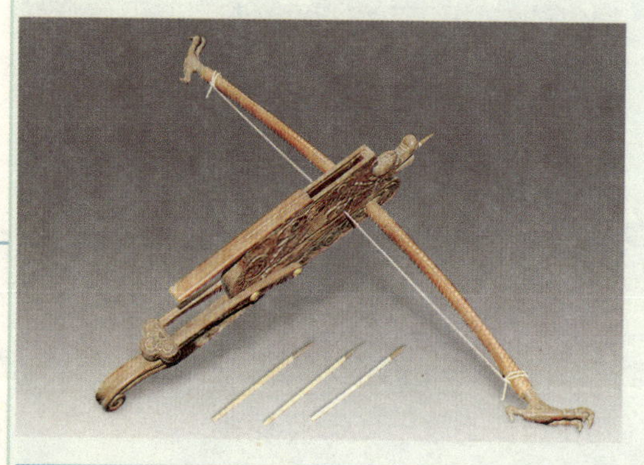
诸葛连弩

汉末三国石棺

石棺盖鱼纹

汉宫残柱

本为明代成都蜀王府原物，“文化大革命”初拆“皇城”时搬到武侯祠，而今经过适当造型布置。它象征着汉末群雄混战、宫室残破、民生凋敝之景象。

汉宫残柱

“古柏森森”留故事

1780余年前，诸葛亮率领百官，亲到惠陵园中植柏。从此，“古柏森森”成为武侯祠的一大园林、文化特色。杜甫“丞相祠堂何处寻，锦官城外柏森森”成为千古绝唱。唐代剑南西川节度使段文昌在《诸葛武侯庙古柏文》中详细描绘了当年武侯祠古柏的壮景：

“是草木有异于草木则灵；武侯祠前，柏寿千龄；盘根拥门，势如龙形；含碧太空，散雾虚庭；合抱在于旁枝，骈梢叶之青青；百寻及于半身，蓄风雷之冥冥；攒柯垂阴，分翠间明；忽如虬螭，向空争行；上承祥云，孤鸾时鸣；下荫芳苔，凡草不生；古色天风，苍苍泠泠；曾到灵山，老柏纵横；亦有大者，莫之与京；于惟武侯，佐蜀有程；神其不昏，表此为祯；斯庙斯柏，实播芳馨。”

当代文豪郭沫若少年时代到成都求学，路经武侯祠门口，“在离城还有三四里路的地方，便可以望见道旁一丛很葱郁的树林，那就是有名的‘锦官城外柏森森’的武侯祠了。”（见其《反正前后》）八九十年后的今天，武侯祠外部环境变了，掩映在水泥楼房中；内部环境也变了，但“柏森森”遗韵犹存。

1950年后补种的柏

碑碣石铭写风云

从唐代开始，碑刻成为武侯祠的一大文化、文物特色。现存碑碣50余通，分别镌刻于唐、明、清及近现代。其中以“三绝碑”最具代表性。

“三绝碑”

“三绝碑”背后有一篇动人的故事。从元和四年（809年）到开成二年（837年），从武元衡率裴度（765～839年）、柳公绰、杨嗣复到武侯词拜谒开始，到杨嗣复、杨汝士的两次唱合，前后28年才完成的一组绝妙

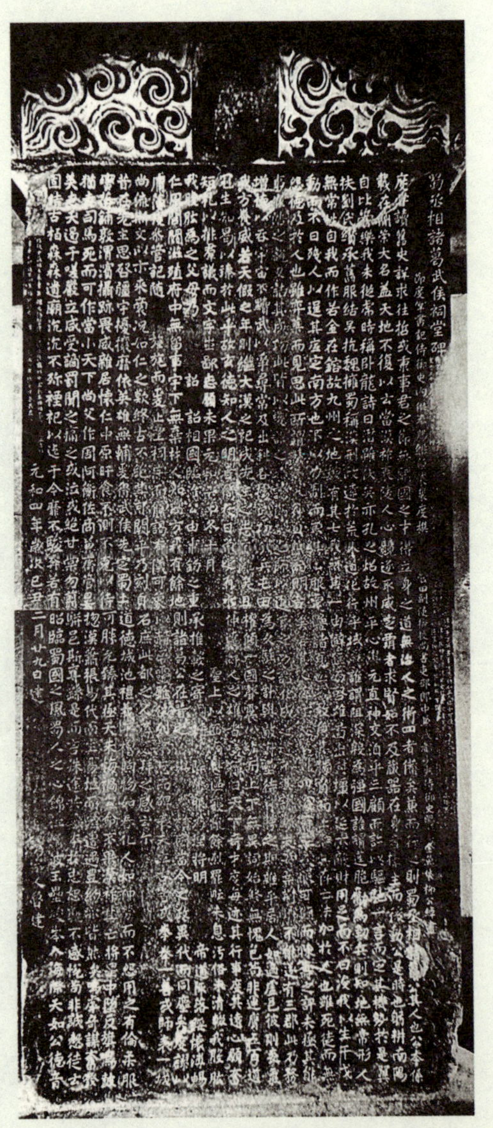

蜀丞相诸葛武侯祠堂碑

佳唱。这之间有三位唐代宰相的才学和人品，有上司与僚属间的友谊、栽培，有同宗族人的感召、扶持，都围绕着一个主题：以诸葛亮为楷模，争做一代名宦。

元和四年，剑南西川节度使武元衡率裴度、柳公绰、杨嗣复等僚属到武侯祠拜谒。武元衡即命节度府掌书记裴度（中唐名相，文茂识高，历事宪、穆、敬、文四朝）撰碑。裴度即撰写了《蜀丞相诸葛武侯祠堂碑》，表达自己对诸葛亮的仰慕钦敬之情，文中还借歌颂诸葛亮，类比武元衡。写成后，由著名书法家柳公绰书写，当时蜀中最著名的刻工鲁建刻成，后世誉为“三绝碑”。

开成二年，新任剑南西川节度使杨嗣复一到成都，即率僚属到武侯祠拜祭，想起当年以幕僚身份随武元衡游祠情景，激动不已，感慨良多，即题《丁巳岁八月祭武侯祠堂因题临淮公旧碑》诗一首，附刻于碑阴。此后不久，唐东川节度使杨汝士游祠见到同宗兄弟杨嗣复的诗后，依其格式，作《和宗人尚书嗣复祠祭武侯毕题临淮公旧碑》，亦刻于碑阴。

蜀丞相诸葛武侯祠堂碑

度尝读旧史，详求往哲，或秉事君之节，无开国之才；得立身之道，无治人之术。四者备矣，兼而行之，则蜀丞相诸葛公其人也。公本系载在简策，大名盖天地，不复以云。当汉祚衰陵，人心竞逐，取威定霸者，求贤如不及；藏器在身者，择主而后动。公是时也，躬耕南阳，自比管乐，我未从虎，时称卧龙。《诗》曰："潜虽伏矣，亦孔之炤。"故州平心与，元直神交。洎乎三顾而许以驱驰。一言而定其机势，于是翼扶刘氏，缵承旧服，结吴抗魏，拥蜀称汉，刑政达于荒外，道化行乎域中。谁谓阻深？殷为强国；谁谓茎脆？厉为劲兵。则知地无常形，人无常性，自我而作，若金在镕。故九州之地，魏有其七，我无其一，由僻陋而启雄图，出封疆以延大敌；财用足而不曰浚我以生，干戈动而不曰残人以逞。其底定南方也，不以力制，而取其心服；震慑诸夏也，不敢角其胜负，而止候其存亡；法加于人也，虽死徒而无怨；德及于人也，虽弈叶而见思。此所谓精义入神，自诚而明者矣。若其人存，其政举，则四海可平，五服可倾。而陈寿之评，未极其能事，崔浩之说，又诘其成功。此皆以变诈之略，论节制之师，以进取之方，语化成之道，不其谬欤？夫委弃荆州，不能遂有三郡，此乃务增德以吞宇宙，不黩武以争寻常。及出斜谷，据武功，分兵屯田，为久驻之计，与敌对垒，待可胜之期，杂乎居人，如适虚邑，彼则丧气，我方养威，若天假之年，则继大汉之祀，成先主之志，不难矣。且权倾一国，声震八纮，而上下无异词，始终无愧色，苟非运膺五百，道冠生知，曷以臻于此乎？故玄德知人之明者，倚仗曰鱼之有水；仲达奸人之雄者，嗟称曰天下奇才。度每迹其行事，度其远心，愿奋短札，以排群议，而文字蚩鄙，志愿未果。

元和二年冬十月，圣上以西南奥区，寇乱余孽，罢甿未息，污俗未清，辍我股肱，为之父母，乃诏相国临淮公，由秉钧之重，承推毂之寄，戎轩乃降，藩服乃理，将明帝道，陬落绥怀，溥畅仁风，闾阎滋殖，府中无留事，宇下无弃才，人知向方，我有余地，则诸葛公在昔之治，与相国当今之政，异代而同尘矣。度谬以庸薄，获参管记，随旌旄而爰止，望祠宇而修谒，有仪可象，以赫厥灵，虽徽烈不忘，而碑表未立。古者或拳拳一善，或师长一城，尚留斯文，以示来裔，况如仁之叹，终古不绝，其可阙乎？乃刻贞石，庶此都之人，存必拜之感云尔。铭曰：

昔在先主，思启疆宇。扰攘靡依，英雄无辅。爰得武侯，先定蜀土。道德城池，礼义干橹。煦物如春，化人如神。劳而不怨，用之有伦。柔服蛮落，铺敦渭滨。摄迹畏威，杂居怀仁。中原旰食，不测不克，以待可胜，允臻其极。天未悔祸，公命不果。汉祚其亡，将星中堕。反旗鸣鼓，犹走司马。死而可作，当小天下。尚父作周，阿衡佐商，兼齐管、晏，总汉萧、张。易代而生，易地而理，遭遇丰约，亦皆然矣。呜呼！奇谋奋发，美志夭遏。吁嗟严、立，咸受谪罚。闻之痛之，或泣或绝。甘棠勿翦，骈邑斯夺。由是而言，殊途共辙。本于忠恕，孰不感悦。苟非诚悫，徒云固结。古柏森森，遗庙沈沈。不殄禋祀，以迄于今。靡不骏奔，若有照临。蜀国之风，蜀人之心，锦江清波，玉垒峻岑，入海际天，知公德音。

元和四年，岁次己丑，二月二十九日建

开成二年，杨嗣复《丁巳岁八月祭武侯祠堂因题临淮公旧碑》诗：

齐庄修祀事，旌旆出郊闉。
薙草轩墀狭，涂墙赭垩新。
谋猷期作圣，风俗奉为神。
酹酒成坳泽，持兵列偶人。
非才膺宠任，异代揖芳尘。
况是平津客，碑前泪满巾。

杨汝士《和宗人尚书嗣复祠祭武侯毕题临淮公旧碑》诗：

古柏森然地，修严蜀相祠。
一过荣异代，三顾盛当时。
功德流何远，馨香荐未衰。
敬名探国志，饰像慰甿思。
昔谒从征盖，今闻拥信旗。
固宜光宠下，有泪刻前碑。

前、后《出师表》碑

《前出师表》是诸葛亮于227年率军北伐前，给皇帝刘禅的一份奏章。文中说：自己受先帝刘备三顾之恩，托孤之重，一定要为“兴复汉室”竭忠尽智，效死不渝。《后出师表》是在街亭失利后，诸葛亮又一次上

《前出师表》碑

的表文。流传千古的名句“鞠躬尽瘁，死而后已”即出此表中。有人认为，《后出师表》是吴国人张俨托诸葛亮名而作。

碑嵌于二门两侧走廊，共由37块同样大小的碑石组成。字体兼行兼草，书法精湛，结体秀丽，神采飞动，笔力雄健，大气磅礴，运笔流畅，一气呵成。据欧阳辅《集古求真》考订，此碑为明成化、弘治年间白麟所伪托，可为一说。

锦里碑刻

锦里序

百年木板门，千载石板路。漫游锦官故里，争仰蜀相遗徽。盘若青龙，民初铺面是身；踞似白虎，清末公馆为翼。锦城市井魄，巴蜀建筑魂。射弩、织锦、客栈，铜锣声声，追寻逝水年华；煮酒、小吃、竹编，包车悠悠，勾起尘封记忆。结义园中，两碗绿茶赏川剧；诸葛井里，一眼碧水映风云。蓝布幌子，远摇百种锦图；红纸灯笼，近照三顾饭庄。岁月酿痕，历史醇味。老街耶？网络空调，尽领时代风骚；新景耶？

锦里碑刻全貌

窗花石刻，昭示传统渊源。

人无衣不暖，衣无锦不丽。蚕丛教养蚕，嫘祖创缫丝。锦江岸边，浪戏排排濯锦妹，歌如潮；成都城上，日照行行晒绢姑，彩似霞。府河微澜，不彰而流；锦里丝织，不胫而走。锦为两汉益州贡品，三国蜀汉战资。锦为身份象征，地位标签。成都机杼声响遏云，蜀郡女工衣覆天下。秦汉贱商贾，商贾纵然金如土，律禁穿锦衫；唐宋贵士子，士子宁可食无肉，习欲服纹绣。锦谱一册，绣画千幅。南丝路上，牛拉马驮；东海涛中，船载帆驰。西亚女扮靓，波斯男示荣。

四百米古道诗与画，两千年沧桑情和恋。环武侯以同体，面世界而共辉。聚川西旧俗，汇蜀汉遗风。历史精品，复得更需珍惜；人类遗产，参与即是关爱。谒武侯，计从心来；逛锦里，幻若梦临。休闲成都，来了不想走；人文锦里，走了欲再来。古祠新宠，碑碣匾联池苑，绝佳影视基地；老树嫩枝，吃住行游购娱，臻善旅游名区。铭曰：

功著三国，客聚四海。

名彰秦汉，街纳古今。

罗开玉撰

邓代昆书

二〇〇四年秋

锦里文粹

若挥锦布绣，望芒兮无幅。尔乃其人，自造奇锦。

——西汉·扬雄（前53～18年）

《蜀都赋》

今民贫国虚，决敌之资，惟仰锦耳。

——三国蜀汉·诸葛亮（181～234年）

《教令》

成都织锦既成，濯于江水，其文分明，胜于初成，他水濯之，不如江水也。

——三国蜀汉·谯周（201～270年）

《益州志》

益州既平，赐诸葛亮、法正、飞及关羽金各五百斤，银千斤，钱五千万，锦千匹。

——晋·陈寿（233～297年）

《三国志·张飞传》

《吴历》曰：蜀致马二百匹，锦千端，及方物。

——陈寿《三国志·吴主传》

备从巫峡、建平连围至夷陵界，立数十屯，以金、锦、爵赏，诱动诸夷。

——陈寿《三国志·陆逊传》

阛阓之里，伎巧之家，百室离房，机杼相和。贝锦斐成，濯色江波。

——晋·左思《蜀都赋》

夷里桥南岸……其道西城，故锦官也。锦江，织锦濯其中则鲜明，他江则不好，故命曰“锦里”也。

——晋·常璩《华阳国志·蜀志》

蜀地……女工之业，覆衣天下。

——南朝宋·范晔（398～445年）《后汉书·公孙述传》

（曹）操谓（左慈）曰：“吾前遣人到蜀买锦，可过敕使者，增市二端。”……后操使蜀反，验问增锦之状及时日早晚，若符契焉。

——范晔《后汉书·左慈传》

创筑罗城，大新锦里，其为雄壮，实少比俦。

——五代晋·刘昫（888～947年）等《旧唐书·高骈传》

江东历代尚未有锦，而成都独称妙。故三国时，魏则资于蜀，而吴亦资西蜀，至是乃始有之。

——南朝宋·山谦之《丹阳记》

锦城在益州南笮桥东流江南岸，蜀时故锦官也。其处号锦里，城墉犹在。

——南朝宋·任豫《益州记》

锦城在笮桥东，流江南岸，昔蜀时锦官也，号锦里，城墉犹在。兹问锦于蜀中，江城宛然如故，而杼轴已不存矣。

——南朝梁·李膺《益州记》

魏文帝赐群臣曰：“前后每得蜀锦，殊不相似。”

——明·曹学佺（1574～1647年）

《蜀中广记》引环氏《吴记》

锦里撷英

锦里开芳宴，兰缸艳早年。缛彩遥分地，繁光远缀天。接汉疑星落，依楼似月悬。别有千金笑，来映九枝前。

——唐·卢照邻（约636～690年）

《十五夜观灯》

锦里烟尘外，江村八九家。圆荷浮小叶，细麦落轻花。卜宅从兹老，为农去国赊。远惭勾漏令，不得问丹砂。

——唐·杜甫（712～770年）

《为农》

自枉蜀州人日作，不意清诗久零落。今晨散帙眼忽开，迸泪幽吟事如昨。呜呼壮士多慷慨，合沓高名动寥廓。叹我凄凄求友篇，感君郁郁匡时略。锦里春光空烂漫，瑶墀侍臣已冥莫。潇湘水国傍鼋鼍，鄠杜秋天失雕鹗。东西南北更堪论，白首扁舟病独存。遥拱北辰缠寇盗，欲倾东海洗乾坤。边塞西蕃最充斥，衣冠南渡多崩奔。鼓瑟至今悲帝子，曳裾何处觅王门？文章曹植波澜阔，服

食刘安德业尊。长笛邻家乱愁思，昭州词翰与招魂。

——杜甫

《追酬故高蜀州人日见寄》

处处清江带白蘋，故园犹得见残春。雪山斥候无兵马，锦里逢迎有主人。休怪儿童延俗客，不教鹅鸭恼比邻。习池未觉风流尽，况复荆州赏更新。

——杜甫

《将赴成都草堂途中有作，先寄严郑公五首》之二

猿鸟犹疑畏简书，风云长为护储胥。徒令上将挥神笔，终见降王走传车。管乐有才原不忝，关张无命欲何如？他年锦里经祠庙，梁父吟成恨有余。

——唐 · 李商隐（约813～858年）

《筹笔驿》

锦里多佳人，当垆自沽酒。高低过反坫，大小随圆碚。数钱红烛下，涤器春江口。若得奉君饮，十千求一斗。

——唐 · 陆龟蒙（？～881年）

《酒垆》

日日薰风卷瘴烟，南园珍果荔枝先。灵鸦啄破琼津滴，宝器盛来蚌腹圆。锦里只闻销醉客，蕊宫惟合赠神仙。何人刺出猩猩血，深染罗纹遍壳鲜。

——唐 · 徐夤

《荔枝》

锦里芬芳少佩兰，风流全占似君难。心迷晓梦窗犹暗，粉落香肌汗未干。两脸夭桃从镜发，一眸春水照人寒。自嗟此地非吾土，不得如花岁岁看。

——唐·崔珏

《有赠》

锦里，蚕市。满街珠翠，千万红妆。玉蝉金雀，宝髻花簇鸣珰，绣衣裳。日斜归去人难见，青楼远，队队行云散。不知今夜，何处深锁兰房，隔仙乡。

——五代·韦庄（836～910年）

《怨王孙》

锦里繁华，峨眉佳丽，远客初来。忆那处园林，旧家桃李，知他别后，几度花开。月下金罍，花间玉珮，都化相思一寸灰。愁绝处，又香销宝鸭，灯晕兰煤。东风杜宇声哀，叹万里何由便得回；但日日登高，眼穿剑阁，时时怀古，泪洒琴台。尺素书沈，偷香人远，驿使何时为寄梅。对落日，因凝思此意，立遍苍苔。

——宋·秦观（1049～1100年）

《沁园春》

予尝观四方，无不乐嬉游。唯兹全蜀区，民物繁他州。春宵宝灯然，锦里香烟浮。连城迷奔骛，千里穷边陬。

——宋·田况（？～1054年）

《成都上元灯市诗》

锦里繁华，环宫故邸，叠萼奇花。俊客妖姬，争飞金勒，齐驻香车。何须幕障帏遮。宝杯浸、红云瑞霞。银烛光中，清歌声里，休恨天涯。

——宋·陆游（1125～1210年）

《柳梢青》

我思杜陵叟，处处有遗踪。锦里瞻祠柏，绵州吊海棕。蹉跎悲枥骥，感会失云龙，生世后斯士，吾将安所从？

——陆游

《感旧》

宦途元不羡飞腾，锦里豪华压五陵。红袖引行游玉局，华灯围坐醉金绳。阶前汗血洮河马，架上霜毛海国鹰。世事转头谁料得，一官南去冷如冰。

——陆游

《梦至成都怅然有作》

井络天开，剑岭云横控西夏。地胜异、锦里风流，蚕市繁华，簇簇歌台舞榭。雅俗多游赏，轻裘俊、靓妆艳冶。当春昼，摸石江边，浣花溪畔景如画。梦应三刀，桥名万里，中和政多暇。仗汉节、揽辔澄清，高掩武侯勋业，文翁风化。台鼎须贤久，方镇静、又思命驾。空遗爱，两蜀三川，异日成嘉话。

——宋·柳永（？～1053年）

《一寸金》

画龙点睛看匾联

匾额、楹联是汉字的一种独特艺术形式，是我国传统文化中的一朵奇葩。种种迹象表明，武侯祠可能从五代、宋时期即有了匾额楹联，但在明末清初的大战乱中，绝大部分丢失，现存的匾额楹联，除个别为明代的外，主要为清代作品。它们都琅琅上口，言简意赅，凝练警策，发人深省，突出表现了三国文化特质，即儒家文化与兵家文化的结合。对本馆的主题思想，对塑像、陈列等皆画龙点睛，启人思索，增添趣味，给人享受，对古建筑也有装饰之效。可以说，匾联是本馆又一重要的文化特色。

帝本燕人，曾向乡祠崇百祀

蜀为正统，漫言天下尚三分

（惠陵）

注释　燕，今河北，昭烈帝本涿郡涿县（今河北涿州市）人，其家乡千百年来就立庙祭祀。蜀汉才是正统，说什么魏、蜀、吴天下三分。蜀汉集团始终以“兴复汉室”为己任，符合儒家文化倡导的“忠”，这也是后人视其为正统的根本原由。清人许涵度撰书，今人李长路补书。

一抔土尚巍然，问他铜雀荒台，何处寻漳河疑冢

三足鼎今安在，剩此石麟古道，令

人想汉代官仪

（惠陵）

注释　惠陵虽小却巍然而立。铜雀荒台：曹操在邺城（今河北临漳）筑铜雀台。漳河疑冢：宋代以来，盛传曹操曾在漳河边筑七十二座假坟。《三国志》载曹操死后葬“高陵”，在邺城，无设假坟之说。汉代官仪，语出《后汉书·光武帝纪上》：“老吏或垂涕曰：‘不图今日复见汉代威仪。’”联意：看着这座帝陵及神道，令人想起汉代朝廷仪式和典章。本联强调了在三国中只有蜀汉全面继承汉制这一本质特征。清人完颜崇实撰，顾复初书，今人刘孟伉补书。

合祖孙父子兄弟君臣，辅翼在人纲，

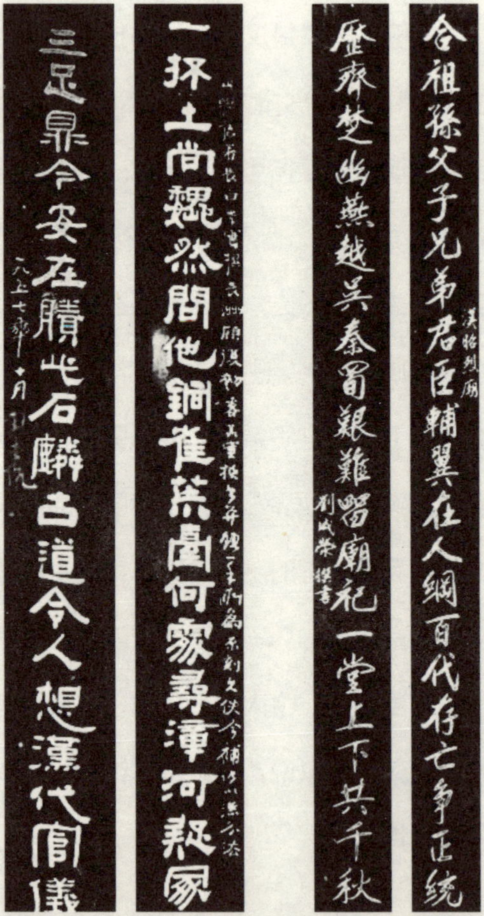

楹联之一、之二

百代存亡争正统

历齐楚幽燕越吴秦蜀，艰难留庙祀，

一堂上下共千秋

（二门）

注释　本联的“蜀”为蜀的异体字，将虫换为日，是作者刘咸荥匠心独运。刘氏以为，“蜀”字中的“虫”有贬义，而“日”为太阳，象征“真命天子”。有三层意义：一、在齐、楚、幽燕、越、吴、秦、蜀诸地中，蜀地才是孕育真命天子的地方；二、强调了刘备是皇室后裔；三、强调了蜀汉是三国正统。本祠祭祀的祖孙有：刘备与刘谌，诸葛亮与诸葛瞻、诸葛尚；父子有：关羽父子、张飞父子、董和董允父子等；兄弟有：刘、关、张，另外，关兴、关平为兄弟；君臣有：刘备与其文臣、武将。昭烈庙中聚合了祖孙、父子、兄弟、君臣等人的塑像。他们辅佐刘备，维护“三纲五常”，自古以来生死存亡都是为争正统。刘备集团经历了齐（山东）、楚（湖北、安徽）、幽燕（河北、辽宁）、越吴（浙江、江苏）、秦（陕西）、蜀（四川）等地，南北转战，艰难立国，留下了这座祠庙，现在，他们君臣一堂，永远受人祭祀。作者刘咸荥（1896～1932年），字豫波，光绪丁酉科拔贡，曾执教于四川尊经书院，郭沫若、李劼人皆为其学生。

明良千古

（二门）

注释　明君良弼，千古垂范。明王士性《入蜀记》载，成都武侯祠中“坊称际会，殿

"明良千古"匾

名明良"，明代已有"明良"殿。此匾或承明匾。本匾为清人吴英撰书。此"眀"用目旁，是作者欲与"明朝"的明相区分，以免文字狱；或说欲强调明君之明重在能识人、识势。

唯德与贤，可以服人，三顾频烦天下计
如鱼得水，昭兹来许，一体君臣祭祀同

（二门）

注释　频烦，此当做郑重解。《汉书·王莽传》师古曰："郑重犹言频烦也。"《三国志·魏书·后妃传》注引"是以频繁为婚"，也做郑重解。杜诗在这里用的是古义。昭兹来许：语出《诗·大雅·下武篇》"昭兹来许，绳其祖武"。昭，明也；兹，此也；来，指后世；许，进也。只有用德与贤，方可使人心悦诚服；刘备很郑重地三顾茅庐，以德和贤，求得了诸葛亮安邦定国的天下大计。刘备与诸葛亮犹如鱼水，相互依存，亲密不可分，君臣典范，昭示后世，上下一堂享受人们的祭祀。清蒋攸铦题。蒋攸铦，《清史稿》有传，嘉庆二十二年（1817年）至道光元年（1821年）任四川总督。今人魏传统补书。

业绍高光

（昭烈殿）

"业绍高光"匾

注释　绍：继承。高，西汉开国皇帝高祖刘邦。光，东汉第一个皇帝光武帝，此二帝是汉朝最有代表性的帝王。刘备继承了高祖刘邦、光武帝刘秀的帝业，可与他们相提并论，蜀汉是汉朝的延续和一个新的阶段。这里强调了刘备为汉室后裔，蜀汉为三国正统的观点。清人完颜崇实撰书。

使君为天下英雄，正统攸归，王气钟楼桑车盖

巴蜀系汉朝终始，遗民犹在，霸图余古柏祠堂

（昭烈殿）

注释　攸：所。钟：聚集。楼桑车盖：史载刘备小时，他家东南角屋篱有一株桑树高达五丈，远望如皇帝出巡时的车盖，风水家认为此树非凡，刘家当出贵人。清人完颜崇实撰书。本联作者，又传为完颜崇实的门客顾复初。著名学者刘咸荥认为此联"以王气接正统亦未合，正统之归岂因符兆？"还认为"霸图"是诸侯用语，与刘备"正统"皇帝的身份不符，曾建议改为"使君为天下英雄，正统攸归，不是应楼桑车盖；巴蜀系汉朝终始，遗民犹在，同来拜古柏祠堂。"（《推十书诗集卷下》）

惟此弟兄真性情血淚灑山河志在五倫扶正軌
縱極王侯非富貴英靈照天地身經百戰為斯民
使君為天下英雄正统攸歸王氣鍾樓桑車蓋
巴蜀系漢朝終始遺民猶在霸圖餘古柏祠堂

楹联之三、之四

惟此弟兄真性情，血泪洒山河，志在五伦扶正轨

纵极王侯非富贵，英灵照天地，身经百战为斯民

（昭烈殿）

注释　近人刘豫波（即刘咸荥）撰，今人黄稚荃补书。

生不视强寇西来，天意茫茫，伤心恸洒河山泪

死好见先皇地下，英姿凛凛，放眼早空南北人

（昭烈殿）

注释　炎兴元年（263年），魏国大军进逼成都，刘禅打算投降。其子刘谌说：“便当

父子君臣背城一战，同死社稷，以见先帝可也。”刘禅不听。《三国志·蜀书·刘禅传》说刘禅降，“是日，北地王谌伤国之亡，先杀妻子，次以自杀。”《汉晋春秋》说：“谌哭于昭烈庙，先杀妻子，而后自杀，左右无不为涕泣者”。按：三国时期流行抢夺败者老婆、女儿、侄女等为妻妾，刘谌为了避免老婆遭此命运，自杀前先杀妻子。从儒学角度看，此举三纲，一直被后儒称道。历代多有以此为题的戏剧，如《杀家告庙》等。活着不愿看见强敌灭国，天意如此，无可奈何；为江山沦亡，伤心恸哭；殉国而死，好去地下见先皇刘备，刘谌英姿勃勃，大义凛然；放眼四看，谁能如此壮烈。刘咸荥撰，今人刘东父1963年补书。

兄弟君臣一时际会，当年铁马金戈，树神旗而开西川大业

祖孙父子千古明良，今日丹楹画栋，崇庙貌而志后汉丕基

（昭烈殿）

注释　清人张清夜撰，今人方滨生补书。此联旧署“乾隆元年十二月楚献道人长洲张清夜题”。

义薄云天

（昭烈殿）

“义薄云天”匾

注释　薄：迫近，靠近。另一释，此"薄"为使动词，关羽义贯长虹，使云、天也感到自己太薄。近人刘咸荥、书于1929年前后。

诚贯金石

（昭烈殿）

"诚贯金石"匾

注释　诚者，信也，为儒家倡导的"五常"美德之一。西汉名将李广在一次狩猎中，误以石头为虎，一箭射去，箭头插入石中，待看清再射时，就射不进去了。后人因此说，精诚所至，金石为开。张飞的各种美德中，诚特别突出，是我国古代"诚"的楷模。近人刘咸荥书于1929年前后。

伯仲之间见伊吕

指挥若定失萧曹

（昭烈殿后）

注释　伊吕即伊尹、吕尚。伊尹，商初名相，助汤灭夏，相传曾放逐国君太甲，后太甲悔过，又将其接回复位。吕尚，姜姓，吕氏，名望，字尚父，即姜子牙，又称姜太公，辅佐武王灭商，后被封于齐，相传著有兵书《六韬》，被古人视为兵家楷模。《三国志·诸葛亮传》说诸葛亮在隆中时常自比管仲、乐毅，这里将其比为伊、吕，更提高了一等。萧曹即萧何、曹

参。二人皆为汉初著名贤相。诸葛亮的功勋、才干与伊尹、吕尚不相上下。他部署军政事物胸有成算，使萧何、曹参逊色。此联集自杜甫诗《咏怀古迹五首》之四。今人冯灌父书。

武侯祠

（过厅）

注释　诸葛亮生前封武乡侯，死后谥号忠武侯，后人尊称武侯。郭沫若书。

三顾频烦天下计

一番晤对古今情

（过厅）

注释　建安十二年（207年），刘备很郑重地三顾隆中，登门求贤；诸葛亮也很郑重地提出了天下三分的大计。《三国志·蜀书·诸葛亮传》载诸葛亮《出师表》说先主“三顾臣于草庐之中，谘臣以当世之事，由是感激，遂许先帝以驱驰。”一番晤对，即隆中对。二人见面对话后结下的情谊，古今传为美谈。上联集杜甫诗句，下联董必武撰。董必武书。

楹联之五

志见出师表

好为梁父吟

（过厅）

注释　梁父吟：古乐府曲调。《乐府诗集》卷四十一载有题名为诸葛亮的《梁父吟》歌词一首："步出齐东门，遥望荡阴里。里中有三墓，累累正相似。问是谁家墓？田疆、古冶子。力能排南山，文能绝地纪，一朝被谗言，二桃杀三士。谁能为此谋，国相齐晏子。"当然，此歌是否为诸葛亮所写，学术界尚存争议。诸葛亮的志向、抱负，体现于《出师表》中。隐居隆中时他就喜好吟诵《梁父吟》。上联郭沫若撰，下联为《三国志·诸葛亮传》中之原句。郭沫若书。

楹联之六

先主武侯同闷宫

（过厅）

注释　闷，清静、幽深；闷宫：最早为《诗·鲁颂》篇名，为《诗经》中最长的一篇，这里转指神宫、祠庙。昭烈庙与武侯祠合祀一庙。君臣合祀，这是武侯祠有别于全国其他祠庙的一大特点。此表达了刘备、诸葛亮君臣相依相辅的关系，也是本馆作为君臣合祀祠庙的历史注解之一。此句集自杜诗《古柏行》。清人完颜崇实书。

万古云霄一羽毛

（过厅）

注释　羽毛：羽毛使鸟兽富于文采，此处比喻人的声望。诸葛亮的名望高入云天，独一无二，万古莫及。集自杜诗《咏怀古迹五首》之四，今人徐悲鸿书。

两表酬三顾

一对足千秋

（过厅）

注释　两表：诸葛亮的前、后《出师表》。《后出师表》，学术界有人认为是吴国人张俨托诸葛亮名而作。前、后《出师表》酬答了刘备三顾茅庐的诚意，诸葛亮的《隆中对》足以流传千秋百代。明代游俊撰书。游俊，明代文士。

亲贤臣国乃兴，当年三顾频烦，始延得汉家正统

济大事人为本，今日四方靡骋，愿佑兹蜀部遗黎

（过厅）

注释　亲贤臣：诸葛亮《出师表》有“亲贤臣，远小人，此先汉之所以兴隆也”句。济大事：刘备在长阪战败前曾说：“夫济大事必以人为本。”济：成就。四方靡骋：四方之人无不前来拜谒；有人释为：四方战事不息。亲近贤臣，国家才能兴旺。当年刘备不辞劳烦，三顾茅庐，得到诸葛亮，创建蜀国，刘氏汉朝得以延续。成就大事，须以得人为根本。今日四方前来拜谒，都祝愿蜀地民众得到保佑。清人冯煦撰，今人郝谦补书。

诸葛大名垂宇宙

宗臣遗像肃清高

（过厅）

注释　宗，尊崇、敬仰。宗臣：世人所敬仰的国家重臣。诸葛亮的大名普天皆知，他那端肃清正的遗像使人敬仰。集自杜甫诗《咏怀古迹五首》之四。现代书法家沈尹默书。

楹联之七

成大事以小心，一生谨慎

仰流风于遗迹，万古清高

（过厅）

注释　流风：遗风。诸葛亮一生谨慎，鞠躬尽瘁，终于成就蜀汉大业；到武侯祠拜谒，更加仰慕诸葛亮流芳千古的高风亮节。近人冯玉祥题书。

名垂宇宙

（静远堂）

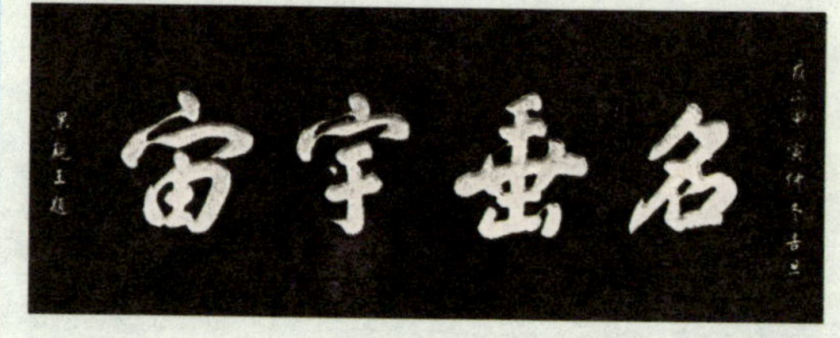

“名垂宇宙”匾

注释　垂，留传；宇宙：上下四方为宇，古往今来为宙。诸葛亮名满天下。清康熙帝十七子果亲王爱新觉罗·允礼于雍正十二年

甲寅（1734年）仲冬书。

能攻心則反側自消從古知兵非好戰

不審勢即寬嚴皆誤後來治蜀要深思

光緒二十八年冬十一月上旬之吉

權四川鹽茶使者劍川趙藩敬撰

攻心联

能攻心则反侧自消，从古知兵非好战

不审势即宽严皆误，后来治蜀要深思

（静远堂）

注释　全国最著名的治世名联。此联于光绪二十八年（1902年），在武侯祠悬挂问世。有一可歌可泣的故事。

赵藩像

作者赵藩（1851～1927年），云南大理剑川白族人，五次京考不第，后为云贵总督岑毓英幕府、塾师。1902年春夏，四川大旱，数十州县暴发义和拳运动。慈禧任岑春煊（岑毓英之子）为川督。岑急调赵藩到成都相辅。岑对义军血腥镇压，大量罢免、撤换、弹劾各种官吏。

当时赵藩深感清王朝大势已去，认为岑对义军、旧吏都过“严”，多次规谏。岑仍我行我素。赵藩于是有了笔谏之衷。他得知岑不久后将要陪客人游武侯祠，便精心写下此联，送到武侯祠悬挂。岑春煊到武侯祠看到此联后，脸色难堪，一语不发。不久，岑因功升调两广总督，赵藩却因此联被贬到永宁道(今叙永一带)当地方官。

对上联的理解，意见较为一致。能攻心则反侧自消：建兴三年（225年），诸葛亮南征，用“攻心”战术七擒七纵孟获，使其心服。下联， 反侧：语出《后汉书·光武帝纪上》：“诛王郎，收文书，得吏人与郎交关谤毁者数千章。光武不省，令诸将军烧之，曰：‘令反侧子自安。’”后来遂以“反侧”指怀有二心而疑虑不安的人。关于下联，目前主要有三种不同解释：

一、认为“攻心”联是对诸葛亮治国和作战指导思想的正面总结。

“宽”，在这里指诸葛亮对法正的纵容。《三国志·蜀书·法正传》载蜀汉建国后，身任蜀郡太守的法正，打击报复过去的仇人。有人曾希望诸葛亮“抑其威福”。诸葛亮因其有功，又深得刘备“雅爱”，宁可睁一只眼闭一只眼。“严”，蜀汉第一次北伐时，街亭失守，诸葛亮挥泪斩马谡，是大家常谈到的诸葛亮从严治军的例子。

二、认为这里的“宽严”是诸葛亮《答法正书》论述的中心。

刘备据蜀后，命诸葛亮率法正、刘巴、李

严、伊籍制定法律《蜀科》。《三国志·蜀书·诸葛亮传》注引《蜀记》说："亮刑法峻急，刻剥百姓，自君子小人咸怀怨叹。"一次讨论时，法正曾说："昔高祖入关，约法三章，秦民知德，今君假借威力，跨据一州，初有其国，未垂惠抚；且客、主之义，宜相降下，愿缓刑弛禁，以慰其望。"诸葛亮详细分析了蜀汉初期的"势"，指出：秦朝因刑法过于苛严，百姓怨声载道，导致天下"土崩"；高祖刘邦反其道而行之，仅"约法三章"，大获全功；刘璋软弱宽大，导致其败。蜀汉政权在此基础上建立，与高祖时不同，欲与刘璋反其道而行之，"威之以法"，从严治蜀。

三、认为"不审势"指蜀汉"兴复汉室"的国策。

东汉末年，黄巾起义，董卓之乱，许多有识之士先后感到汉王朝已走向了末路。黄巾义军曾喊出"苍天已死，黄天当立"的口号。建安初年，汉廷太史令王立曾多次对献帝指出："汉祚终矣，晋、魏必有兴者。"代表了曹魏集团对当时大势的判断。建安五年（200年），周瑜认为"承运代刘氏者，必兴于东南"；鲁肃初见孙权时，也明确指出："肃窃料之，汉室不可复兴，曹操不可猝除。"蜀汉政府为"兴复汉室"，纳一切入战争轨道。蜀汉建国四十余年间，出动蜀国兵力半数即五万人以上的征战约二十次，小规模征战更多。从这一角度看，蜀汉的许多政治、经济制度实质上都属"战时军事管理"法。应该说，在刘备、诸葛亮提出"兴复汉室"口号的初期，这个口号对发展实力、扩大影响还是起过不小的作用。但到三国鼎立局面形成后，到献帝禅位后，此口号已时过境迁，失去了号召力。这也是蜀汉中、后期，几乎再也没什么外地人才前来投奔的主要原因。所谓“蜀中无大将，廖化当先锋”，是其缩影。

联文中的“宽”指刘璋对土著豪族的政策，“严”指诸葛亮对土著豪族的政策，“皆误”指他们先后因此失败。

东汉晚期，巴蜀豪族发展到顶峰，一呼百应，敢与地方政府、与大规模的起义军相抗衡。

对此，刘璋政权与蜀汉政权采取了两种不同的对策。刘璋对豪族一味迁就。诸葛亮在总结刘璋失败教训时，认为主要在于暗弱、因“宽”而“误”。蜀汉政策又走到了另一个极端，因“严”而误。主要表现在：一、刑法峻急，过严。二、仕途上排挤、限制土著豪族。三、从经济上刻剥、打击豪族。刘备入蜀后，大造“直百”钱，“数月之间，府库充实”。铸大额钱的实质是掠夺存钱者。这“府库充实”主要是掠夺豪族而来。另外还在全国范围内禁酒、实行盐铁专卖等。这些领域过去皆由豪族控制。战争需要大量的财力和物力，最简便的来源就是到豪族庄园中去掠夺，杀鸡取卵。

该观点还指出，诸葛亮是三国群英中儒、兵文化结合的最高典范。联意在探讨蜀国为什么会在三国中最先灭亡，分析其“治蜀”大政中的某些失误，笔谏岑春煊要“攻心”“审势”，要认识到清末犹如汉末，

已到“不可复兴”地步，如果无此认识，政策宽、严“皆误”，也提醒后人在治蜀、治国时借鉴刘璋和蜀汉的教训，注意“攻心”和“审势”，故为世人所重。最后，还应强调，以“兴复汉室”为蜀汉国策，正是诸葛亮一代“忠臣”的必然选择。按儒家观点，朝廷有难，皇上有难，即便是不可挽回的，也须尽最大努力去挽救，这才是忠臣、纯臣。诸葛亮又何曾不知汉室“不可复兴”？但他仍然要为此奋斗终生，鞠躬尽瘁，死而后已。

勋高管乐

（静远堂）

注释　管：管仲（？～前645年），春秋初期著名政治家，被齐桓公任命为卿，尊称“仲父”。他在齐进行一系列改革，国力大增，帮助齐桓公成为春秋时第一个霸主。汉代人视其为政治家、贤相的楷模。乐：乐毅，战国时著名大将，燕昭王二十八年（前284年），他率燕军击破齐国，先后攻下七十多城。汉人视其为将军的榜样。诸葛亮年轻时常“自比管乐”。此匾赞扬他的功勋已远远超过他年轻时选择的楷模管仲和乐毅。近人李镃书。

勤王事大好儿孙，三世忠贞，史笔犹褒陈庶子

出师表惊人文字，千秋涕泪，墨痕同溅岳将军

（静远堂）

注释　陈庶子：史学家陈寿（232～297年），著有《三国志》等。《晋书·陈寿传》说陈寿以谯周为师，曾任蜀汉“观阁令史”，降晋后任著作郎、中书郎、长广太守等，最后已宣布他为太子中庶子（太子侍从官之一），未及上任而死。陈寿父亲曾是马谡参军，诸葛亮诛杀马谡时，其父受髡刑。按常理，他应恨诸葛亮，但他在史书中对诸葛亮大加赞扬。诸葛亮儿孙都忠勤蜀汉王事，三代忠烈，有私仇的史官陈寿也对他们加以褒扬。《出师表》读来，字字句句都惊心动魄，感人肺腑。岳飞书写《出师表》时就边写边哭。古有读《出师表》不流泪为不忠之说。近人刘咸荥撰书。

文章与伊训说命相表里

经济自清心寡欲中得来

（静远堂）

注释　伊训、说命：《尚书》中两名篇。《尚书》为“四书五经”之一，是清人必读的圣典，科考教材。诸葛亮的文章与《伊训》、《说命》篇同等重要。他经世济民的才干从清心寡欲中得来。陈矩集苏轼、朱熹句，赵藩书。

公本识字耕田人，为感殊遇驱驰，以三分始，以六出终。统一古今难，效死不渝，遗恨功名存两表

世又陈强古冶子，应笑同根煎急，谁开诚心，谁广忠益。安危天下系，先生以往，缅怀风义拂残碑

（静远堂）

注释　陈强（即田疆）、古冶子：春秋时齐国武士。齐相晏婴用计，让他们同另一位叫公孙接的武士论功取食两个桃子，三人都以自己功大该吃，结果均在争桃中死去。诸葛亮尝为《梁父吟》，经常谈论二桃杀三士之事。这里是借诸葛亮之事写联。诸葛公本在读书耕田，为感激刘备"三顾"知遇之恩替他奔走，以规划三分天下开始，到六出祁山病终；统一天下是古今一大难事，他却鞠躬尽瘁，至死不懈，遗恨的是未能成功，只留下记载他功名的前、后《出师表》。如今世上又出现陈强、古冶子，更可笑还有曹丕、曹植本是同根兄弟，却又相互斗杀，谁能像诸葛公那样集思广益，开诚布公，把天下安危系于一身，诸葛公虽已逝，但仰慕他的风义，特来拜谒以示缅怀。民国十年王天培撰书。王天培，民国初年黔军名将，能文善武。

淡泊明志

宁静致远

（静远堂屋脊）

注释　诸葛亮在《诫子书》中讲："非淡泊无以明志，非宁静无以致远。"要求其子恬静寡欲，以实现远大志向。语出《淮南子·主术训》。这一名言对外影响甚大，历代许多宫殿、书屋等多以"静远"命名。成都"五老七贤"之一徐子休于1922年书。

静远堂

（静远堂）

注释　取意于“非淡泊无以明志，非宁静无以致远。”民国但懋辛书。

匪皋则伊

（静远堂）

注释　匪：同“非”。皋：皋陶，舜的狱官。伊：伊尹。诸葛亮经国治民的才干，不相当于皋陶，就相当于伊尹。清人严树森书。

伊周经济

（静远堂）

注释　周，周公姬旦。经济：经世济民，治理国家的才干。诸葛亮治理国家的才干，与伊尹、周公一样。清人冯昆书。

“伊周经济”匾

异代相知习凿齿

千秋同祀武乡侯

（静远堂）

注释　习凿齿：东晋人，著《汉晋春秋》，在我国历史上最先以蜀汉为三国正统，对诸葛亮大加赞颂。后代深知诸葛亮的是习凿齿，千百年来人们都祭祀诸葛亮。近人钟瀚撰书。

中有汉家云

（惠陵）

注释　云：借指龙。《易·乾》“云从龙，风从虎，圣人作而万物睹。”此中有汉家真龙天子之陵。近人豫叟（即刘咸荥）撰书。

“中有汉家云”匾

在三在，亡三亡，而今享祀犹同伴
合义合，战义战，自昔铭勋匪异人

（三义庙拜殿）

注释　在：在世。亡：亡故。合：聚合，聚义。匪：通非。刘、关、张三位异姓兄弟追求同生共死，至今依然相伴相随，享受后人祭祀的香火；因“义”而聚合在一起，也因“义”而战斗，从古至今荣誉和功勋都属于为正义而战者。撰书者不详。

馆驻汉家云九曲盆梅花灼烁
庭招蜀地月四围奇石影玲珑

（听鹂馆）

注释　成都方北辰撰联，蒲宏湘书。

锦里

注释　锦里前东门，罗哲文书。

史标三国辉秦汉

客聚五洲乐古今

注释　锦里前东门，罗开玉撰联，甲申（2004年）秋张景岳书。

尊贤任杰为邦国根基无他三顾诚心岂得两朝霸业

取博标新乃庖厨诀要有我一流美膳当迎四海高朋

注释　三顾园餐馆，甲申冬至一阳舒佳日，邑人方北辰撰，邓代昆书。

诸葛庐

注释　罗永嵩书。

三顾隆情兴蜀汉

一泓清水鉴风云

注释　一泓清水，指旁边的诸葛井。冯修齐撰，罗永嵩书。

汉肆

注释　刘奇晋书。肆，市场。这个街市早在汉代已经存在了。

西蜀第一街

注释　锦里牌坊，蒲宏湘书。锦里是西蜀地区见于历史文献最早的商业街区。秦汉三国时期，蜀锦为蜀地最大的经济来源，锦里为其最大、最主要的窗口。不仅国内商贩云集于此，它还为“南方丝绸之路”的实际起

“西蜀第一街”匾

点，国际商贸极发达。历史悠长，影响巨大，西蜀第一，当之无愧。

锦里

注释　锦里牌坊，何应辉书。

锦绣写千秋物阜人杰巴蜀地

宾朋来四海龙翔凤舞汉唐风

注释　锦里牌坊，甲申冬日沈伯俊撰，邓代昆书。

锦上添花辉映庙祠思树立

里中为市传承文化务恢弘

注释　锦里牌坊，张绍诚撰，何应辉书。

锦里——走了欲再来

锦里是秦汉三国时期，巴蜀最有名的商业街区，织锦、售锦闻名中外。它位于当时的锦官城中，中心位置约在今锦里稍北一点，部分街巷或与今锦里连接。当时，此街区内，不仅国内商贩云集，还是“南方丝绸之路”的实际起点，国际商贸高度发达。唐宋以来，锦里演进为成都的代名词。文化深邃，古籍文献多有记述；内涵丰富，墨客诗人广为描写。

今之锦里，融三国民俗、川西风情、老成都街坊三内涵于一体；兼步行、文化、商业三特性于一身。已完成东侧一期工程，建成约400米；2005年被文化部授予全国首批文化产业基地。全部完工后，全街长约1000米左右，三面绕武侯祠，与武侯祠能进能出、能分能合。锦里在一定程度上遮挡、屏蔽了武侯祠外围的高大现代建筑，遮挡噪音、屏蔽空气污染，改造视线，净化环境，保护文物，弥补了武侯祠在吃、住、行、游、购、娱等要素上的不足。锦里借助武侯祠的品牌和游客资源，短期内已打造为成都的一重要新窗口、新亮点，成了全国小有名气的步行“古街”之一。

三顾园　三国茶园

三顾园是成都最享盛名的“三国文化”主题餐馆。菜名多来自三国典故，如八阵

三顾园

图、长阪坡、鞭打督邮、草船借箭、水淹七军、火烧连营、锦囊妙计、孟获牛肉、张飞牛肉、诸葛馒头等，一道菜一个故事。且不时有新菜品推出。

三国茶园则是将传统与现代、中式与西式相结合，休闲与娱乐结合的场所……

游客在饮食谈笑间，领略三国文化。

锦里客栈

西蜀庭园风情，现代内部设施，浓具特色的酒店、宾馆。由客栈、隐庐、芙蓉第两院一楼组成。环境清幽，装修典雅。置身武侯祠与古街之间，体验传统与现代的协调，夜听松涛，梦系锦官……

诸葛连弩射击场

“玩三国化石不虚成都行，射十矢神弩方晓诸葛智。”在此，您可亲自过一把三国瘾，体验一下世界上最早的自动武器，领略

诸葛连弩射击场

锦里浮雕长廊

当年诸葛亮的智慧。

锦里浮雕长廊

锦里中部东廊上下，一组石刻，分外显眼，形象地再现了锦里的文化内涵。它是全国著名雕塑家叶毓山先生的新力作。上组《蚕桑篇》蚕丛首功、嫘祖先蚕、诸葛课桑、万户蚕桑、煮茧缫丝、濯锦浣沙、翻练排丝、牵经彩条、机杼妙手、贝锦斐成等，再现了西蜀先民养蚕织锦的历史渊源以及从种桑养蚕开始，到抽丝织锦的全过程。下组《蜀锦颂》，着重刻划南方丝绸之路，表现外商云集成都锦里、马帮托运、逢山开道、远销西域等情景。

锦里好吃街

成都古来以休闲著称，川菜、小吃名扬中外。锦里汇集了成都几乎所有的名小

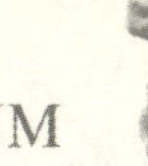

吃。“三大炮”碰碰响，好听好看又好吃；牛肉焦饼、汤麻饼：入口酥松、香甜化渣；军屯锅盔、葱煎包：面黄内酥、香气四溢；散子油茶酥脆可口，钵钵鸡块喷香扑鼻，糖油果子酥，粉蒸牛肉麻；肥肠粉、豆腐花，麻辣烫爽口；蒸蒸糕、黄醪糟，色香味俱全；冻糕、叶儿粑、豆腐帘子——崇州怀远“三绝”。

结义楼

四川最大的仿古戏院，最具有川西民俗风情的茶馆。由前楼、戏楼以及东、西廊房组成。通常每天白天与晚上都有精彩的川剧、曲艺、杂技、音乐和茶道表演。

锦里之夜

锦里不夜城，充满诱惑。锦里酒吧甚多，莲花府邸、醉三国、四方街、喜福汇、行形摄色、橙黄橘绿、煮酒坊等，担当着锦里不夜城的主角。红灯笼，绿蜡烛，彩霓虹，内外相异，奇幻无穷。

“接汉疑星落，依楼似月悬”。中式煮酒坊，重烫青梅酒。“锦里多佳人，当垆自沽酒。”西式洋酒吧，喧哗青春曲。“心迷晓梦窗犹暗，粉落香肌汗未干。”唐、宋诗人的描写，今日得以再现。

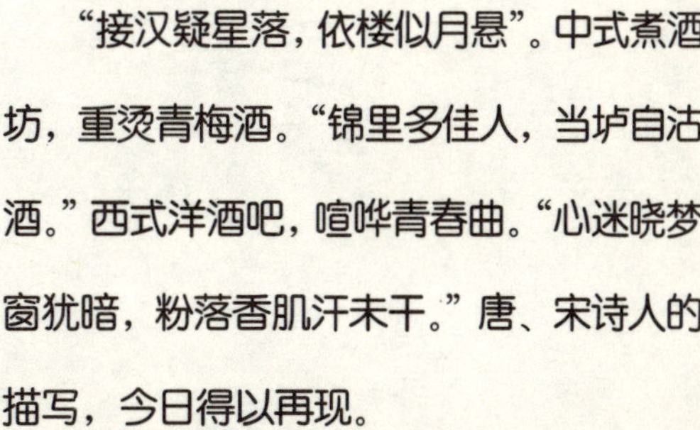

休闲成都，来了不想走；人文锦里，走了欲再来。

责任编辑：冯冬梅

责任校对：周兰英

责任印制：陈　杰

封面设计：隗　伟

图书在版编目（CIP）数据

成都武侯祠／成都武侯祠编. －北京：文物出版社，2006.7

(带你走进博物馆丛书)

ISBN 7-5010-1882-0/K · 988

Ⅰ.成…　Ⅱ.成…　Ⅲ.武侯祠－青少年读物　Ⅳ.K928.75-49

中国版本图书馆 CIP 数据核字（2006）第 015308 号

成都武侯祠

成都武侯祠博物馆 编

罗开玉　主编

文物出版社出版发行

（北京五四大街 29 号）

http://www.wenwu.com

E-mail:web@wenwu.com

北京文博利奥印刷有限公司制版

文物出版社印刷厂印刷

新华书店经销

开本：880 × 1230　1/24　印张：4

2006 年 7 月第一版　2006 年 7 月第一次印刷

ISBN 7-5010-1882-0/K · 988　定价：20.00 元